一個操盤手的
虧損自白

—— 長銷30年的獲利經典

What I Learned
Losing a Million Dollars

Jim　**Brendan**
Paul　**Moynihan**
吉姆・保羅　布南登・莫尼漢 —— 著　陳重亨 —— 譯

CONTENTS 目次

—— 推薦序 ——
一本寫賠錢，卻能
讓你獲利的智慧之書

洪碩廷

　　市面上教賺錢的書很多，但是寫賠錢的，目前找不到第二本寫得如此詳細。賺錢的方法有很多，但是都存在「倖存者偏差」（survivorship bias）[1]，如果真的看了書就可立刻賺大錢，世上就沒有窮人了。

　　市面上有各式各樣的書籍，教你用各種指標來找尋標的，投資人初讀時會覺得似乎很可行，但實際運用指標去買進之後可能會發現，會漲的標的確實可能會符合書中的指標，但符合指標的卻不一定會漲，甚至會下跌讓你套牢；投資的方法也是，在某個時間區段中，有人使用了某套方法，也賺到錢，但在其他的時間區段中，使用同樣方法的人卻可能被洗出場，而這些人會出書嗎？通常不會。投資領域因為存在許多「倖存者偏差」的情況，以至於會讓很多人覺得投

1　指過度關注倖存的資料（可以被觀察到的人事物），而忽略了可能無法
　　觀察到的資料，導致錯誤的認知與結論。

資致富很簡單，事實上大多數賠錢的人，大家是看不到的，而這也是本書難能可貴之處。

書中故事主角，也就是本書作者，從小人生順遂，讓他覺得只要自己努力嘗試就會成功。接著他從木材交易起家，年紀輕輕就在芝加哥商品交易所（Chicago Mercantile Exchange）擔任董事。過去的成功讓他以為自己真的無所不能，可以點石成金，卻因驕傲自大，在一次期貨交易崩盤後輸掉一切，包括財富、聲譽和工作。這個過程跟很多投資新手很像，一開始總是會有一連串的新手運，然後越壓越大，之後融資開槓桿，最後就爆了。

雖然這本書並不厚重，但就像傑克·史瓦格的推薦序文寫的，其實蘊涵著豐富的交易智慧和見解，而且可是作者幾乎散盡家財才領略到的。

作者在投資失利後也跟一般人一樣，開始尋找成功投資者的致勝法則。看到這裡我不禁莞爾，因為我最開始接觸投資領域的時候，也以為投資有聖杯，於是看了很多理財雜誌的封面故事，讀著一個又一個以小博大，快速賺飽退休的致富傳奇。

就在作者尋找致勝法則的過程中，卻發現每個專家的見解彼此矛盾：有人提倡價值投資，有人提倡技術分析；有人提倡投資要分散，有人認為不該分散……

賺錢有幾百種方法，同一種方法卻會因不同的人使用，

有人因此大賺，也有人大賠。如果照著專家的方法做就會致富，那這些投資法則彼此矛盾的專家，應該會有一方破產吧！

作者認為，既然找不到一致的賺錢方式，那不如再看看這些人怎麼看待賠錢的。於是，他開始研究這些專家關於賠錢的看法。此時作者發現，這些專家雖然獲利方法各異，但對於「控制虧損」這件事，卻都抱有相同見解。賺錢的方法有很多種，甚至常常相互矛盾，而學會不賠錢，比學會賺錢更重要。某甲用 A 方法賺錢的時候，某乙用對立的 B 方法，可能正要開始賠錢——如果某乙沒有退場的話。而關鍵就在此，因為專家都知道，不要賠錢，就是自己該負的最重要責任。

作者從一開始想尋找賺錢的祕密，轉變成開始研究如何不會賠錢。為什麼不賠錢如此重要呢？因為人一旦開始賠錢之後，會認為是自己過去的投資方法有缺陷，接著會不斷地嘗試新方法，屢戰屢敗，因為不知道該怎麼做才能不賠錢。其實，應該先搞清楚別人或自己到底是怎麼賠錢的，一旦學會控制虧損後，獲利自然會到來。

投資就像打球，我們不可能每一局都贏，要是不能接受虧損，那就什麼都甭做了。我們該避免的，是那種沒有預先準備、沒有提列備抵，直接讓我們淘汰出局的虧損。

而要避免這種虧損，最好的方式就是擬定計畫，事先預

想未來可能會發生的狀況，決定在各種狀況下應該採取的對應行動。

這樣的計畫包含了：

- 決定你要成為哪一種類型的參與者（短線當沖或長期投資）。
- 選擇一套分析方法（比如存股族可能看股利政策，基本面投資者則看財報）。
- 制定規則（什麼狀況下買進賣出）。
- 建立管控機制（什麼樣的情況下，必須直接停損砍倉）。

擬定好計畫後，最重要的就是執行。很多人會碰到一個問題，就是遇到計畫上的狀況時，卻沒有辦法堅定地執行，比如說目前的價格已經到達停損價位了，你可能會選擇忽視或是改變計畫，調低停損價位，以容許更多的虧損而不砍倉。結果就是，你的虧損會比原先願意承擔的還要嚴重。

衷心祝福閱讀此書的各位，都能找到適合自己的投資方式，擬定好投資計畫，在投資路上趨吉避凶，穩定獲利。

（本文作者為「資工心理人的理財探吉筆記」粉絲團版主。）

—— 推薦序 ——

先學會怎樣賠錢，
再學如何賺錢

傑克・史瓦格

　　說到交易，我常跟聽我演講的聽眾，提起一個非常矛盾的現象，而這樣的現象說起來，也只會發生在做交易的人身上。請試想以下情況：你是一個理智正常的人，走進一家書店，信步走到醫學書籍區，找到一本講解腦外科手術的書，然後買下並帶回家準備花一周閱讀，但你總不會認為自己在下個星期一就能進醫院手術房，替病人執行開腦手術吧？注意，我強調的是「理智正常的人」。但各位知道嗎？有許多人卻不認為以下的狀況很不尋常：走進一家書店，信步走到投資書區，挑一本書名像是「我去年炒股獲利百萬」的書，回家閱讀一周後，在下個星期一上場交易，並相信自己可以擊敗投資專家。為何對這兩種狀況的思路，竟有如此天大的差異？

　　對於上述矛盾，我自認有個很好的答案可以解釋。就我所知，交易是唯一一件業餘人士至少也能擁有五成勝算的

事。為什麼呢？因為在做交易時，你真正能做的事也只有兩件：不是買進，就是賣出。而且就結果來看，那些茫茫然毫無頭緒的菜鳥，甚至還更容易決定要買或賣，然後獲利出場。這種可靠運氣獲得暫時成功的可能性，使人們誤以為做交易實在不難。這種情況在其他專業領域都不可能出現。要是沒接受過外科醫師的專業訓練，你想成功完成大腦手術的機會無疑就是零；要是連小提琴都從沒拿過，你想在紐約愛樂交響樂團前面表演小提琴獨奏的機會也是零。但只有做交易時才有這種奇怪現象，讓一些沒有真材實學或甚至毫無優勢的人也可能獲得成功，因此也讓人誤將運氣當成個人的技巧出眾。

　　吉姆・保羅認為自己早期在市場上的成功，是因為本身聰明過人，或者是因為他願意冒險。直到他吐回獲利還欠了一屁股債前，都沒想過之前的所向披靡，完全只是運氣好。保羅大概是第一位承認過往連戰連勝的成績只是運氣好的操盤手，不過他還真是好了不少年。就結果論來說，由於他曾那麼自我感覺良好，因此嘗到全面潰敗的苦果也是不可避免的。所以後來他也爽快認清，如果沒有及早醒悟，就算那時沒有賠光所有資產，到後來也只會賠得更多、更慘而已。

　　事實上交易成不成功，通常都取決於心理因素，而不是戰術問題。吉姆・保羅最後在市場上繳了昂貴的學費並得到教訓，終於明白所謂成功的交易，絕非四處找尋賺錢祕訣，

而是要先搞清楚怎樣才會賠錢。保羅努力研究自己在市場上的慘痛經驗，發現成功投資者的賺錢方法各有所長，甚至彼此觀點常是相互扞格的，但他們都認同交易本是有輸有贏，而且都知道「怎樣才會賠錢」這件事很重要。在幾乎賠光一切後，保羅成為一位「賠錢專家」，但也正因如此，他才能搖身一變成為一位成功的操盤手，而非只是曇花一現的幸運兒。

很多投資書固然會揭示各式各樣的成功祕訣，但我們從吉姆・保羅的失敗經驗中卻能學到更多，更何況這本書讀來還非常有趣。不過，這本書雖然行文輕鬆活潑又幽默風趣，頁數也不豐厚，但各位絕不能加以等閒視之，因為書裡其實蘊涵豐富的交易智慧和見解。這些經驗和教訓，可是保羅幾乎散盡家財才領略到的，現在各位只要花點錢買書就能學會，這筆交易可真是太划算了呢！

（本文作者為資深金融交易者及財金作家，《金融怪傑》系列作者。）

—— 新版前言 ——

心態決定投資勝負

　　本書距離第一次出版（1994 年）至今已將近三十年，這段期間交易市場已有許多變化。人工喊價撮合幾乎絕跡，許多交易所也都進行合併；新奇的投資工具層出不窮，有些新玩意所帶來的巨額虧損，甚至讓全球金融市場受傷慘重。

　　但過去數十年來，交易員和投資人在市場上所犯下的決策錯誤，卻沒怎麼改變。不管是管理他人資金的專業人士或自負盈虧的投資散戶，儘管操作規模有大有小，卻都很容易犯下同樣的錯誤。從本書第一次出版以來，我們親眼看到幾次在風險控管上的大災難。比方說，1995 年霸菱銀行（Barings Bank）的尼克・李森在日本股市豪賭，賠了 8 億 7200 萬英鎊（約 11.6 億美元）；同一年，大和銀行的井口俊英也賠了11 億美元。住友商事的「銅先生」濱中泰男最後就栽在黃銅交易，賠了 26 億美元。還有全一銀行（Allfirst Bank）的約翰・魯斯納克在 2002 年交易外匯，賠掉 6 億 9100 萬美

元。中國航油股份有限公司的陳久霖在 2005 年的噴射燃料期貨交易賠掉 5 億 5000 萬美元（堪稱「航油之王」的悲壯殞落）。接著，法國興業銀行的傑宏・柯維耶在 2006 年至 2008 年間交易股權衍生品（equity derivatives），總共虧空 49 億歐元（約 55 億美元），這個數字真是太驚人了。

　　這些備受矚目的重案和其他類似狀況，讓新聞媒體、監管機關和學術界，極為關注風險管理產業的策略和控管程度。雖然事後針對個案的檢視與研究，對於內部控管和避險策略的選擇提供許多寶貴教訓，但大家都忽略了交易員之所以釀成大禍的個人心理層面。儘管這些虧損都是因為控管不嚴和避險策略的錯誤，但此兩者實非造成虧損的主因，交易員的作為才是關鍵。如果要知道這些虧損是如何造成的並防止慘劇再次發生，我們必須先瞭解這些人的心理。而這本書，就是探討投資心理上的問題。我用吉姆・保羅的故事，揭示投資人和交易員平常在市場上最容易出現的三大錯誤。這些錯誤其實一直都沒改變，恐怕也永遠都不會變。這些錯誤不受時間所限，因此從中獲得可避免犯錯的教訓，也將會永遠適用。在本書出版後，我曾訪談過數百位交易員和投資人，他們都對書中說法和其中的教訓感同身受。這是因為我們在某些時候都賠過錢，而書裡所談的，正是造成交易虧損時的心理過程、行為特徵和情緒變化。針對這些過程、特徵和變化，書中提供了一些預防方法，要是能夠避開這些陷

阱，虧損自然就不會發生了。希望這些教訓和故事，不僅能
讓各位有所啟發，也能得到閱讀的樂趣。

布南登・莫尼漢

—— 前言 ——

如何不賠，
比如何賺錢更重要

　　我認為書大概可分成三類：教育、娛樂和參考用書。教育類書籍教導我們一些事；娛樂類書籍讓我們讀來開心；參考用書則能為我們提供一些資訊。而這本書既是教育類書籍也富有娛樂性，各位要是記得書中的故事，自然就比較不會忘記那些教訓。就此而言，這本書也可說是一則寓言，透過故事來說明重要的經驗教訓。從呼喊「狼來了」的小男孩到「國王的新衣」，寓言都是傳達日常生活重要教訓的有效方法。這本書也是一樣的，書中描述的雖是一位期貨交易員的故事，但他的教訓也適用於從事股票、債券等交易的投資人，以及其他包括創業家、經營者和執行長等商業人士。

　　各位即將讀到的故事，其寓意是：縱使屢次失敗，只要不被打倒，那些失敗就是成功的基礎；反之，要是接二連三獲得勝利就志得意滿，反而是迎來重大失敗的開始。愛迪生大概失敗了一萬次，才找到正確的燈泡鎢絲。他在門洛帕克

實驗室不幸燒成平地的當天，有位記者問他該怎麼辦，愛迪生回答：「明天開始重建。」因此，後來愛迪生會成功，也可說是因為他沒被失敗打倒。我們再看看亨利・福特的例子，他曾跟愛迪生一起工作過，也非常欽佩對方。福特在 1905年可說是白手起家，短短十五年就建立全球最大也最賺錢的汽車製造廠。但幾年後，這個看似固若金湯的商業帝國，卻是老態龍鍾、搖搖欲墜，此後二十年更幾乎是年年虧錢。福特這個人是固執到出名，那他的公司會虧掉那麼多錢，是不是因為他太把成功視為理所當然，認為自己絕對不會做錯呢？

連連獲勝之後的心理變化，正是肇禍之始。他們開始以為成功完全是個人能力的必然結果，而不是在正確時機和位置把握到機會，或者體認到這一切只是運氣所致。他們覺得，只要自己出招，自是手到擒來。

有很多種說法可描述這種情況：傲慢、自負、自大。但成功是如何內化到心理層面，隨後又帶來猝不及防的失敗，這個轉變過程至今還沒人能清楚說明，而我們要做的就是這件事。這本書的例子跟眾多企業家的個案研究一樣，從抓住機會、奮勇進擊、功成名就，然後犯下錯誤，看他樓起樓塌。我們談的雖然是個交易員的故事，但裡頭的寓意教訓，也適用其他許多狀況。不管你是在交易場上或在商界裡打拚，這些教訓對各位都會很有幫助。事實上那兩個領域的共

同點，比各位所能想到的還要多。《富比士》（*Forbes*）雜誌
1993 年版「全美四百大富豪」的封面上引述華倫·巴菲特
的話：「因為我是個生意人，所以我更擅長投資；也因為我
是個投資人，因此我更擅長做生意。」**如果投資和做生意的
成功祕訣可相互援用，那麼失敗的教訓也可以。**

　　用虛構故事表達成功如何令人感到志得意滿，最後又如
何導致失敗，當然可讓我們有所領會，不過如果這些成功和
重大虧損是真人實事，想必各位更能牢記在心。只是這裡所
說的虧損有多大呢？書中將描述一位有十五年投資資歷的交
易員，最後在短短七十五天，賠掉 100 多萬美元。

｜ 為什麼要出一本談賠錢的書？

　　大家在投資市場上應該都賺過一些錢，對於要怎麼賺
錢，多少也都有點瞭解。不過大多數人都是賺少賠多的，因
此可說他們對於怎樣才能不賠錢，想必是不太瞭解。當他們
投資失利，他們會買書來看、參加投資講座，找些能賺錢的
新方法，總認為之前會虧錢，必定是方法「明顯失靈」。就
像是賭賽車的人一再押錯寶，投資人的書架上也滿滿都是作
家霍瑞修·愛爾傑的書，說的都是怎麼從赤貧變巨富[1]。這種

1　十九世紀的一位多產美國作家，以撰寫少年小說聞名。他的小說風格大
　　多一致，均描述一個貧窮少年如何藉由其正直、努力、少許運氣以及堅
　　持不懈，最終取得成功。

書當作娛樂看看是不錯，但常常有人視為教材，以為從中可學到百萬富豪發家致富的祕訣，尤其是那些在交易場上揚名立萬的大戶更是受到推崇。這種書還都被標榜為「實用指南」，從 1881 年作家詹姆斯・桑克斯・布里斯賓的經典作品《牛肉寶藏：草原致富術》(*The Beef Bonanza: Or, How to Get Rich on the Plains*)以降，到現代各式各樣的賺錢妙方，如何在市場勝出、如何利用所學所知賺錢、如何運用致勝策略、如何在吃早餐前就賺到百萬美元……要是真的有效，我們早都是百萬富翁了。

回顧那些討論投資和交易的書籍時，其中少有寫到賠錢的。會寫到賠錢這種事的書，又往往是誇大嘩眾、未經授權的傳記或八卦狗仔作品，迎合那些幸災樂禍的低級趣味。那些報導名人的書籍聽起來當然很有趣，但都不是為了讓讀者從名人的錯誤中學到教訓。在大多數討論投資市場的書裡，賠錢這種事只是輕描淡寫，作者也許會提到，強調一下重要性，然後就此擱下，什麼也沒說清楚。

本書是一本針對賠錢心理的輕鬆探討，提供給曾經賠錢或想防止慘劇再次發生的投資人、投機客、交易員、營業員和基金經理人參考。大多數探討市場心理層面的書籍，大都集中於行為心理學或心理分析（什麼升華、退化、壓抑、憤怒和自我懲罰等作用）。這類書籍並非沒用，而是許多人根本看不懂，就算懂了也不曉得實際上該怎麼運用。還有一些

書籍是塑造一個虛構人物來傳達觀點，也有些書是匯整一些
關於賠錢的老生常談充數。但這本書的內容，主要是敘述一
位操盤手實際虧損百萬美元的真實經歷，故事不僅非常有
趣，各位還能從中學到在市場虧損時的心理狀態。

　　本書第一部是介紹吉姆‧保羅連戰皆捷的成功經歷，他
如何從一個衣衫襤褸的鄉下小孩，搖身一變成搭著噴射機穿
梭各地的百萬富豪，還一度是芝加哥商品交易所執行委員會
成員，直到大虧 160 萬美元後一文不名。這本書的寫作主旨
之一，就是想明確地告訴各位：榮光的陰影是崩落；勝利必
有失敗伴隨。要不是之前那一連串的成功，或許也不會有後
來的慘痛失敗。如果一開始並沒有嘗過勝利或失敗的滋味，
那麼可說是勝負機會都各一半，你可能是個贏家，也可能會
是個輸家。等到你開始交易且連戰皆捷時，也就為自己設下
了邁向失敗的陷阱。因為那些成功經驗將會導致許多心理上
的扭曲狀態出現，尤其是在不知不覺間打破遊戲規則卻還是
贏的時候。一旦這種情況出現，你將自以為天賦異稟，不受
凡規俗例拘束。

　　災難的種子，是在吉姆第一份工作時播下的，當時他才
9 歲。曝身在廣大物質與金錢世界中毫無防備，才是他日後
事業其興也勃、其亡也忽的主要原因。於是他找尋市場上賺
錢的專家為榜樣，想學習他們的交易法。當人們生病時會想

找最好的醫師醫治；碰上麻煩時也會想找最好的律師幫忙，所以吉姆也讀遍專業投資技巧的書籍，企圖探索行家手裡的致勝祕訣。但是他越看越迷糊，因為他發現專家們賺錢的方法不但五花八門，甚至還會相互矛盾。某位專家贊成的方法，就會有另一位誓死反對。後來他終於想通了，他應該潛心研究的面向應該是賠錢和失敗。與其研究如何賺錢，知道怎樣才不會賠錢更重要。

本書第二部將介紹吉姆從賠錢經驗中，所習得的教訓。也就是說，賺錢的方法儘管是各有千秋，賠錢的方式卻寥寥可數。我們在市場上賠錢，不是因為分析錯誤，就是因某些心理因素作祟而妨礙了分析結果的應用，而大多數的虧損都源自後者。所有分析方法都有一定的正確性，但我們不能全押上，必須留點退路預做準備，以防失靈。但某些心理因素，卻會讓投資人死抱賠錢倉位不放，或者當開始賠錢時便捨棄目前運用的投資方法，改用其他的，結果卻是兩面挨耳光。

本書第三部則是要提點各位，該怎麼避免心理因素所造成的虧損。交易和投資失誤不難理解，但很難改正。要瞭解這些有礙投資的心理因素，其實不必閱讀長篇大論的心理學理論，只需建立簡單架構即可助你理解和接納，從而避免出

現災難性的虧損。這本書，會幫助各位辨識、確認並避免掉一些投資、交易和投機上的陷阱。

所以，為什麼要寫一本談賠錢的書？因為賺錢的方式人人都有一套，但賠錢的方式就那幾種。而且，市面上儘管都是教你如何賺錢的書，但大多數的人也沒富到流油啊！

布南登·莫尼漢
美國田納西州那什維爾
1994 年 5 月

Part 1

操盤手回憶錄

What I Learned Losing A Million Dollars

經驗是最惡劣的老師，在你學到東西之前就先考試。

——無名氏

　　我賺了24萬8000美元。我在一天之內，就賺了將近百萬美元的四分之一。這筆錢多到令人不敢相信。這種感覺真像上帝還得打電話問你，明天早上可不可以讓太陽升起。

　　我有一張很特別的桌子，底下是根銅柱，撐著一面6英呎長、3英呎寬、7英吋厚的桃花心木，桌面看來像是懸在半空。書架跟桌子一樣，也是栓在牆上，像是懸空。一走進辦公室就會看到整片地毯，一根銅柱豎起，然後是兩片木板浮在半空，無視地心引力。當時我想做的就是這個：挑戰地心引力。我坐在那張漂亮桌子前，迫不及待地等市場開盤，準備今天再賺個5萬美元。我心想應該不會再有比現在更好的生活了吧！我沒說錯，是不會更好了。

　　那天早上市場開低盤，然後就再也沒有回升到前一個交易日，也就是8月最後一個星期五的價位。股市在那個星期一之後就開始跌，我大概每天平均賠掉2萬到2萬5000美元，就這樣賠了好幾個月。空頭最是無情，偶然的回升像是痙攣抽搐。幸虧我已開始安排客戶退場，他們大都還有賺到一些，有些人就算賠也僅是小賠。但我自己當然還是繼續撐下去，我打的是長期抗戰，這會是一場大輸贏。柯比跟我準

備靠這次買賣海撈千萬！

到了 10 月中旬，原本賺錢的倉位已轉盈為虧。我不知道到底虧多少，但我曉得大部分的錢都賠掉了。因為倉位狀況越來越糟，我開始接到保證金追繳的要求。我等了幾天看看市場會不會反彈，要是回升了，我就不必補滿保證金。要是回升反彈就萬事大吉；萬一沒有，之後幾天我就得向朋友借錢了。我兩、三天就要補繳保證金一次，但經紀商的態度是：「我們曉得你是個大戶啊！你是交易所的董事嘛，而且也是執行委員。你還是自家公司的高級主管。我們都知道錢對你來說不是問題。」

11 月的第一個星期，我的保證金缺口已經是個大洞，大概有 2、30 萬美元。究竟是多少我自己也搞不清楚。黃豆油從每磅 36、37 美分跌到 25 美分，因此從 8 月時的高價算下來，已經跌掉 7、80 萬美元。更糟的是，我還跟朋友借了 40 萬美元。

最後經紀商總算大發慈悲，幫我砍倉斷頭，因為我自己辦不到啊。11 月 17 日，經紀商派一位高級主管到我辦公室，清算所有倉位。

我在 8 月 26 日那天還是個「什麼都有」的人，到了 11 月 17 日卻變成「幾乎失去所有」的人。但我不會放棄交易。我就當是在賭 21 點，我不會退出市場，但我要想辦法不再賠錢。

　　我不是只因分析錯誤就賠掉那麼多錢。當然分析錯誤是有影響，但一定還有一些別的什麼，讓我死抱著賠錢倉位不放，甚至到需要借錢來補洞。那個「別的什麼」，就是我在一連串成功後造成的心理扭曲，把交易倉位跟「自負」連結在一起，讓我落入如此慘重的虧損境地。

　　正如前言所說，這種類似的扭曲，也讓亨利・福特吃盡苦頭，讓他的公司在 1920 及 1930 年代連連遭受挫敗。這種扭曲也不停困擾許多創業家、經營者和企業執行長。比方說，管理大師彼得・杜拉克於 1993 年在《華爾街日報》（*The Wall Street Journal*）撰文指出：「過去這幾年來陸續看到大企業接二連三地崩壞，隨便說幾個，包括通用汽車、西爾斯百貨（Sears）和 IBM 等，而且 IBM 的挫敗還是肇因於它太過成功，真是有夠矛盾。」杜拉克還說：「成功，反而會淘汰過去帶來佳績的行為。」雖然這些企業都因某些特定的策略失誤而受挫（杜拉克稱之為「企業的五個致命失誤」），但這裡頭也牽涉到個別經營者做決策時的心理因素。這本書要探討的，就是這些心理因素。

　　有些人因成功而驕縱自大，隨後反而招致慘烈失敗。他們開始以為成功全是因為個人，而不是在適當時機和位置把握到好機會的結果，甚至也可能只是因為一時好運。有些人會開始以為只要出手就一定會成功，而且這種想法還挺常見。我們看看王安電腦的創辦人王安怎麼說：「我發現很多

才華洋溢的人，會以某種方式來破壞自己的生活，我挺驚訝的……常常是曇花一現地躍升，然後就開始急速殞落。很多人的失敗是自己造成的。如果你可以走得很遠，又不會自招敗局，那大家就會說你是個天才。」再看看西南航空公司執行長賀伯‧柯勒赫怎麼說：「我想，失敗最簡單的方法，就是開始相信自己很成功。」這個「開始相信」，就是心理內化的過程。我們這本書要談的，就是學會辨認這個過程，即可預防它釀禍。

在我小的時候，爸爸告訴我世上有兩種人：一種是聰明人，另一種是有智慧的人。聰明人會從本身的錯誤學到教訓，而有智慧的人可從別人的錯誤學到教訓。各位閱讀這本書，都有機會成為一位有智慧的人，因為我現在非常聰明。我因為在市場上犯了錯所以賠掉 150 萬美元，也因此學到很多教訓。我從金牌操盤手兼芝加哥商品交易所執委會成員的生涯高峰直接摔到地上，這段故事固然搶眼，但一樣精彩的是，身處雲端卻預先舖下日後崩潰的整個過程。

1

—— 第一章 ——

源自飢渴

　　我 9 歲時，開始從事第一份工作。當時有個同學在肯塔基州艾斯梅爾附近的鄉村俱樂部高爾夫球場當桿弟，有一天他問我要不要一起來，我說：「好啊！」我爸媽覺得這真是個好主意，因為工作會讓我了解到錢的價值。而我心想這工作機會真是太棒了，因為可以賺錢。

　　這是我跟金錢邂逅的開始。因為在鄉村俱樂部工作，我了解到錢真的很重要，因為可以讓人在生活中獲得更好的東西，那些我過去從來都不曉得的好東西。當時是在 1950 年代初，爸爸擔任測量員一年的收入才 4、5000 美元，因此日常生活中也負擔不起什麼好東西。

　　這裡雖然稱不上頂級，至少也是個鄉村俱樂部，那裡的人都比我住處附近的民眾有錢得多。因此儘管當時我才 9 歲，就成了班上唯一曉得「奧茲莫比爾（Oldsmobile）[1]」的車

1　美國通用汽車的一個汽車品牌，在 1897 年創立，2004 年被裁撤。主要生產中價位車款。

比較好」的小孩。我通常擔任查理・羅伯奇的桿弟。他高爾夫打得不是很好，但賺了很多錢，有一輛漂亮的車。查理開著全新凱迪拉克敞篷車，罩上車頂篷，身邊坐著圍上雪紡頭巾的漂亮金髮太太。我對自己說：「我要跟查理一樣，做查理做的事。我不要跟我們那邊的人一樣開雪佛蘭的車子。我也想要一輛敞篷車，跟查理一樣。」其實我也不曉得查理做什麼大生意，但那不重要，重點是查理賺了好多錢，他有很多好東西。

▌老鵝的 5 美分硬幣

當時我認為，幹什麼營生都不打緊，重要的是能賺多少錢。讓我有這種想法的，不只是因為俱樂部裡像查理・羅伯奇那樣的大亨，還有其他桿弟的影響。那時我們都很欽佩一個叫「老鵝」的桿弟，他大概 14、5 歲，對 9 歲小孩來說算是夠大了吧。俱樂部中有一個很大的桿弟休息區，我們平常就坐在那等候使喚。大家在那裡會對著牆壁丟 5 美分硬幣比輸贏，老鵝擲硬幣的功夫實在厲害，幾乎每次都能貼著牆壁。我背著好大的高爾夫球袋到處走 4 小時才能賺到 2 美元，而老鵝則是在休息區擲硬幣比輸贏，結果一天下來他賺得比我還多。我工作得比老鵝認真，可是他賺得比我多。他在桿弟休息區很受到大家的尊重和敬佩，但不是因為他擲硬

幣很厲害,而是因為他有好多 5 美分硬幣。所以我心想,不管我是老老實實地背著高爾夫球袋幹活,或者輕輕鬆鬆地擲錢幣都沒關係,重要的是可以賺多少錢。做什麼都沒關係啦,賺多少才重要嘛!

▎短命的少棒生涯

我會把錢看得很重,有一部分也是因為爸媽的關係。他們不只是希望我了解金錢的價值,也希望我真的有份工作可以開始賺錢。那時候學校同學都想進少棒隊,所以我也想進。我們一起去棒球場做測試,教練問我們想擔任什麼位置,我說「游擊手」。其實我根本不知道游擊手是要幹嘛的,只是從朋友那裡聽過這個名稱,而且那時我也比較矮[2],又覺得這個名字聽起來挺威風的。不過挑選這個位置實在是個錯誤,因為打到我這裡的球,不是從兩腳中間漏掉,就是彈得比我還高,我根本搆不著。不過我很會打擊,常常球投來後我都打得比外野手還高。於是我入選少棒隊,擔任左外野手。

第一場比賽時,我就打出一發滿貫全壘打,最終以 4 比 2 的比數贏得比賽。不過我的半吊子外野守備能力,不只得

2　游擊手的英文是「Shortstop」。

為對手得到 2 分負責，也讓我的一身制服變得髒兮兮。這身
制服的確是個問題，因為我去參加選拔又加入少棒隊都沒跟
爸媽說。那天下午回到家，請媽媽幫我洗那身髒兮兮的棒球
隊服時，她叫我退出別打了：「打棒球一點用都沒有，當桿
弟才有用。你當桿弟可以賺錢，打棒球可不行啊。」我那短
暫而輝煌的棒球生涯也就到此為止，這更讓我相信，錢才是
最重要的。

　　所以我是到了鄉村俱樂部和桿弟休息區，才第一次認識
錢以及怎麼賺錢。而且我還學到玩撲克牌賭 21 點、金羅美[3]
也能賺錢。我 10 歲的時候就會用 5 分錢硬幣玩 21 點。因為
我把錢看得很重要，所以在桿弟休息區玩 21 點，我幾乎每
賭必輸，這讓我很不高興。有一天我對老鵝抱怨說我老是輸
錢，他說他跟大家都在騙我，我當然會輸啊。接著他向我展
示詐賭的技巧：在開始玩的時候先把第一張牌拿掉，當做「銷
牌」，但這張牌卻是面朝上地蓋在整副牌最底下，所以其他
人會搞不清楚整副牌哪邊是最上哪邊是最下。開始玩牌之
後，又把那些已使用過的牌繼續蓋在最底下，等需要時就從
最底下抽出那些已知道點數的牌出來騙我。我沒有因為這樣
就不再玩 21 點，但我不會再一直輸錢了。

　　沉浸在鄉村俱樂部的金錢文化中，我渴望參與那些有錢

3　gin rummy，簡稱「gin」，一種雙人紙牌遊戲。其簡稱跟琴酒同名。

人的活動，希望結識大亨。所以我拚命巴結那些大人物，比方說強尼‧梅爾。他是俱樂部的高爾夫球冠軍，我擔任他的私人桿弟。拜此所賜，我才第一次能離開肯塔基州的艾斯梅爾，到外頭開開眼界。我搭著強尼的克萊斯勒敞篷車，到大泉鄉村俱樂部比賽。他到路易斯維耳市是要參加肯塔基州業餘錦標賽，所以帶我去當桿弟。我們從辛辛那提開車前往路易斯維耳，當年 13 歲的我覺得這真是酷斃了。我跟著偉大的高爾夫球高手，坐在他那輛拉風的跑車上頭，準備到另一個城市的鄉村俱樂部。因為我是個優秀的桿弟，所以他才會帶我去。這雖然只是短短 70 英哩，對我來說可是一趟不得了的旅程。

　　到鄉村俱樂部工作，改變了我對世界和社會的看法。要是從沒接觸過鄉村俱樂部的人所過的「另類生活」，我也不會知道世界上有那些好東西。在艾斯梅爾，便當喬（Joe Lunch Box）是世界上最幸福的人。便當喬高中畢業後就在當地工廠上班，早上鎖緊 V8 引擎左邊 4 顆螺絲，中午吃便當，下午再把右邊 4 顆螺絲鎖緊，然後下班回家看電視、喝啤酒。他覺得自己過得很幸福，因為他根本不知道有敞篷車那麼拉風的跑車，也不知道旁邊的女孩戴著雪紡頭巾有多漂亮；他不會曉得有金面具圖案的麥克雷格（McGregor）才是最好的高爾夫球桿，斯伯丁（Spaulding Executives）只算二流貨色。你會想要擁有金面具的麥克雷格。如果沒接觸過

這樣的「另類生活」，不知道其存在，當然也就不知道自己錯過了什麼。

　　鄉村俱樂部讓我見識到生活中的好東西，讓我想擁有那些好東西。一旦我認識了「另類生活」，知道它比較好，也明白自己錯過什麼，這便成了一個問題。我想擁有的東西，是同齡小孩甚至都不知道的東西，這讓我更不快樂。我也想去學打高爾夫球，也希望有桿弟對我說：「早安，保羅先生。」就像我會說：「早安，羅伯奇先生。」我希望自己也是鄉村俱樂部一員，而不是便當喬那樣的傢伙。

　　基本上我在鄉村俱樂部學到的是：做什麼維生並不重要，重要的是能賺多少錢。我可以像便當喬那樣只會埋頭工作，但我也可以像查理·羅伯奇那樣聰明賺錢。

　　在我相信賺多少比做什麼更重要的同時，也發現高所得工作需要高學歷。便當喬只讀完高中，而查理·羅伯奇和強尼·梅爾等大人物可都讀過大學。我了解到為了賺大錢，一定要接受某種程度的教育。而為了得到適當教育，我也一定要付錢。為了以後賺大錢，現在就要先有點錢，所以我從 9 歲開始就做了各式各樣的工作。我是聖亨利中學裡，少數幾個自己付學費的學生。這是一所教會學校，而我的爸媽都是虔誠天主教徒，他們叫我一定要讀這所學校，我只好去了。可是家人沒那麼多錢，只能靠我自己繳學費、買書、買衣服，這讓我更加堅信錢的重要性。

　　我當桿弟當到 15 歲左右，那段時間我也在俱樂部裡的球具專賣店打工，還幫人上高爾夫球課。不再當桿弟以後，我開過一家高爾夫球練習場。我也在餐館當過助理、在修車廠服務站打工。高三快畢業的時候，在服務站一周要工作 55 個小時。我星期一到星期五每天下午 2 點就離開學校，從 3 點一直工作到晚上 11 點；禮拜六和禮拜天則從早上 8 點做到晚上 10 點。因為我長大了，爸媽也不太管我幾點回家。而且因為我工作很認真，所以我可以花自己的錢，隨便我想幹嘛都行。真的，我想幹什麼他們都不管，只要別惹麻煩。我爸的態度是：「小子，要是你搞砸，惹了麻煩，我就怎樣怎樣……」我爸媽會訂下一些基本規則，我照著做就是。

　　只要你知道規則何在，那就簡單了，只要跟著規則走就會贏。一旦我知道怎樣從 A 點到 B 點，我就只需付出最低限度的努力，做好那些必須要做的事情。只要是我喜歡的科目，我的表現就很棒；不喜歡的科目就很糟，讓老師非常頭痛。因為只要拿到「C」就能過關，所以我的成績大多是「C」。不過喜歡的科目我還是可以拿「A」，其他的拚及格就好。我的成績單總有一句「沒有發揮潛力」的評語，我應該真的是讓老師氣壞了。更糟的是，我又被選為學生會代表。我可不是老師希望的那種代表，他們認為學生代表就該是個乖乖牌，不喝酒、不飆車，也不會到處淘氣搞蛋。

　　因為我有工作、有自己的錢，而且也買了車，所以我很自由。16 歲生日時，我花了 700 美元，買了一輛 1953 年出廠的福特「水星」（Mercury）。那輛車可真漂亮！但一年後就賣了，我又買了 1956 年出廠的雪佛蘭，這輛更帥，雖然不是敞篷車，但也夠拉風的了。在肯塔基州艾斯梅爾 17 歲年輕人的世界，生活中的大事就是你開什麼車，而我就真的有車。我後來還改裝那輛雪佛蘭，把底盤調低，車身也全部「剃光」。不知道現在還有人知道什麼是「剃光」嗎？就是把車身外頭的字樣、裝飾和引擎蓋上的標誌全拿掉，然後用鉛把那些洞填起來，再重新烤漆。接著又把底盤調低。我在這輛車上安裝很大的 V8 引擎和赫斯特（Hurst）變速器。這輛雪佛蘭真是酷斃了！整輛車是閃閃發亮的深藍色，內裝有滾邊打摺的真皮坐椅，車內還舖著材質特殊的地毯。因此在我 17 歲的時候，我覺得自己漸漸成為鄉村俱樂部的「保羅先生」。我努力工作、拚命賺錢，我有輛車，車上載著漂亮的女朋友。嘿，羅伯奇先生，你看，我來啦！

2

—— 第二章 ——

跨進真實世界

後來我賣掉那輛雪佛蘭來支付大學學費。我的爸媽都沒讀過大學，所以我上大學對他們而言可真是件大事。以前工作期間，不管賺多少，爸媽都要我拿出十分之一，存在他們的帳戶內，於是我用賣車的錢，和這筆儲蓄讀完大學。

我在 1961 年獲得肯塔基大學的錄取。當時按照肯塔基州法規定，只要是從州政府認可的高中畢業，都有資格進肯塔基大學讀書。不過真正的考驗是進了肯大之後。因為學校實際上沒那麼多名額接納所有的肯塔基州畢業生，所以會在頭兩個學期，盡量把學生刷掉。這個負責篩選的難關是大一英文，我剛進大學時，就有人警告我說這可是一場「比賽」，所以我一定要過關，不能被刷掉。我如果想進鄉村俱樂部當「保羅先生」，就一定要大學畢業。我拚命讀書，在大一英文這科拿到「B」，整個學期的成績平均積點（grade-point average）是 2.6 分。因為只要拿到 2 分就及格[4]，所以我確信自己過關了。撐過這重要的第一學期，我也開始留意社交生活。

開始接觸社交生活後，我真是吃了一驚。周圍的人個個都比我有錢，每個人都有「貝斯維京」（Bass Weejun），我甚至不曉得它是什麼，後來才知道是一種鞋款。萊星頓（肯塔基州，非麻州）的每個人都穿貝斯維京。我沒錢、沒高檔衣服，也沒有貝斯維京，甚至連套西裝都沒有。直到大四時，我的好朋友湯姆‧克隆才借錢給我買了第一套西裝。爸媽每周從我那個「不管賺多少都要存十分之一的帳戶」寄來10 美元，這就是我的生活費。我在艾斯梅爾好歹也算是個人物，我有一輛好車、約會的女伴是啦啦隊長，而且我還是學生會代表。在家鄉我還算有點地位，但到了肯大當新鮮人，我又變得一窮二白。

我不過是大一新鮮人中的一個無名新生。從社交角度來看，再沒有比大一男生更悲慘的，簡直是沒人理。大一女生只巴望著跟大二、大三男生交往，大一男生只好相互取暖，一起喝喝啤酒，吹噓一下高中時代多神勇。

六個月後我心想，要是我也是兄弟會成員之一，狀況應該會變好吧，所以我去參加兄弟會招募，這對我來說可是個

4　即「C」。

大膽行動，因為我沒有靚衣華服、沒有高檔朋友，更沒有錢。我的室友是一位叫吉姆・海夏的男生，出身背景與我相當，也算是同病相憐，所以我們就一起去參加兄弟會舉辦的招募派對。我們去的那場派對是「西格瑪・奴」（希臘文「ΣN」）的會所，那些傢伙根本都是瘋子，我敢對天發誓，電影《動物屋》（*Animal House*）裡演的，這裡也都有。我大三時，校友們贊助「西格瑪・奴」兄弟會一幢又大又漂亮的新樓房。想進去裡頭參加他們盛大的喬遷派對，還得朝窗戶扔磚塊才能爬進去。海夏跟我都覺得，就算是對我們來說，「西格瑪・奴」也太瘋狂了吧。

後來我們又去了幾次招募派對，最後才決定參加「卡巴・西格瑪」（希臘文「KΣ」）兄弟會。其實我們什麼都不懂，要參加什麼兄弟會也不是我們說要就成的。我當時還真是個菜鳥。我走到宿舍的大廳，拿起電話，直接撥到「卡巴・西格瑪」兄弟會所，說要找會長赫雪・羅賓森。赫雪接了電話，我就說：「赫雪嗎？我是吉姆・保羅。」赫雪根本不知道吉姆・保羅跟吉姆・海夏是何方神聖。「我跟好朋友吉姆・海夏參加了好幾場招募派對，像什麼『岱爾它』（希臘文『Δ』）、『西格瑪・奴』『西格瑪・艾普西隆』（ΣΦE）、『西格瑪・阿爾發・艾普西隆』（ΣAE），我們都去了，說真的，搞得我們昏頭轉向的。所以我們等等就過去會所，我們想加入你們。」然後我們就到會所，他們還真的發了會章

給我們，真是讓人不敢置信。現在我當然知道這件事該怎麼辦才對，但當時我真是不敢相信他們會發會章給我們。我們就這樣厚著臉皮加入「卡巴‧西格瑪」兄弟會，原本是要他們同意才行的，但我們那時根本什麼都不懂，連壞了別人的規矩都不知道。

▋「Gin」是指酒，還是紙牌遊戲？

加入兄弟會後，他們會叫你幹些蠢事，當作入會訓練。比方說叫你擦鞋、擦窗戶、出去倒垃圾，反正就是幹些雜七雜八的小事。有一天，我坐在會所地板上擦皮鞋，旁邊有兩個學長強尼‧考克斯和派特‧葛里爾在玩金羅美。玩到一半，葛里爾有事先走，強尼‧考克斯四處看了一下，就說：

「喂，菜鳥，你知道『gin』嗎？」

「我知道啊，要是你跟我昨晚一樣喝多了，隔天頭會很痛。」

「是紙牌遊戲啦，你這個白痴。你會玩金羅美嗎？」

「不會，學長，我不會玩。可是我一直很想學。」

跟各位說，我 10 歲在尖峰山鄉村俱樂部就開始玩牌，金羅美已經打了八年。

「那好吧，別再擦什麼狗屁鞋子了，快過來。」

所以我走到桌邊，他說：「好，我們來玩金羅美。不過，

菜鳥你聽好,我們要賭錢。」

「嗯,學長,我明白。可是我沒錢耶,我是說,我身上根本沒錢啊。」

我是真的沒錢。但我也不擔心我身上沒有錢。

考克斯說:「我知道、我知道。我們玩很小。你還是要賭錢,但我們輸贏不大,5分錢1點就好。」

如果你不玩金羅美,就不會知道5分錢1點,可是玩很大。1點5分錢,20點1美元,一局100點就是5美元,所以一場大概可玩到10或15美元,這可不是筆小錢啊。打到150點頂多就是十盤、十五盤,有人2、30分鐘就能做到,這表示1小時就能輸贏30美元,這可算是大錢。

考克斯開始解釋規則,告訴我怎麼計分等。然後他開始發牌,我拿牌一瞧,全都可組成一對、一對,就問:「學長,對不起,我忘了。要是沒牌可墊要怎麼辦?如果都組得起來呢?」他簡直快瘋了,說道:「蓋牌吧,菜鳥。好吧、好吧,你贏了。」他一點都不懷疑我其實會玩。

結果我們玩了17小時,等到他說「夠了!我不玩了!」時,我已經贏了612美元,這在1962年可是一筆大錢。當時的學費,一學期才81美元,可見612美元真是不少。他當然也沒那麼多錢,所以先給我50美元,其他就欠著。於是我在兄弟會的菜鳥期再也不必擦皮鞋、倒垃圾。他會找其他菜鳥代勞,然後每雙鞋就抵25美分的欠款。其他學長叫

我做點什麼時，我會說：「好啊，強尼，記下來。我要清垃圾桶，你看那值多少錢？2塊嗎？」

「好的，沒問題，減2塊錢。」垃圾總是有人去清，我坐著跟考克斯玩金羅美就成。這又是一個苦幹實幹不如靠腦袋做事的教訓。

不必做那些剛入會的雜事，讓我跟其他菜鳥顯得不太一樣，而且當時我做什麼都是手到擒來，也讓我覺得自己有點與眾不同。我在大一英文那一科按著比賽規則走，不是就順利過關了。然後又在不知不覺間打破兄弟會的規矩，但也順利加入了。我想我的確是有點獨特。

▌ 很少上課

我開始覺得自己比其他人優秀一點。有一個學期，我一本書都沒買，連課都很少去上。我早上10點才起床，然後到學生會大樓的格里爾餐館，那是大家課間休息都會去的地方。我會坐在那裡跟大家哈啦一下，玩玩傷心小棧（hearts，也是一種紙牌遊戲），跟女孩聊聊天、訂個約會，讀讀《肯塔基上校》（A Kentucky Colonel）和學校報紙。

我們在格里爾找女孩也不是隨便玩玩，有些人還真的就碰上未來的終身伴侶。在那一方面我也打破規則，但還是成功。認識蓓特時，我還定期跟兩個女孩約會：珊德拉和黛

比。那時我才剛讀完作家約翰‧史坦貝克的小說《煎餅坪》
（*Tortilla Flat*），主角丹尼和他的朋友都是住在加州蒙特瑞
附近山上的窮人。這本書的主題之一是說，有人會把所有事
情合理化。比方說，丹尼偷了某個朋友的錢，還合理化說這
其實是幫了朋友：「如果我不把朋友的錢拿走，他可能拿去
買酒喝，喝醉後也許把房子都燒了。錢留在他身邊就太可怕
啦。我身為他的朋友，應該幫他把錢偷走，讓他可以救自己
一命。」

我很喜歡這本書，所以又買了三本，一本給蓓特、一本
給珊德拉、一本給黛比。這真是個錯誤，大錯特錯。她們雖
然都不是同一社團的，卻常跟幾個女孩一起到格里爾見面、
吃午餐。有一天就那麼剛好，三個女孩都在那裡看那本該死
的書：「哇，你讀的那本書很有趣！」「是啊，我男朋友送我
的。」「真的喔？」「我也是。」「我也是耶！」「他是誰啊？」
我當時不知道，如果你要同時跟幾個女生交往的話，不能使
用同一種手法。為什麼呢？因為女孩們會互相說八卦，要是
她們發現你對待她們都一樣的話，就會覺得自己沒什麼特
別，所以大家都不會再理你。不過我很幸運，蓓特還是理
我。

我那時就是這麼厲害，就算是用「錯誤」的方法做事，
結果還是成功。我在兄弟會的第一個室友叫吉姆‧迪倫，他
也蹺了很多課，不過他被刷掉了。跟我鬼混的幾乎都被刷掉

了。海夏被刷掉、迪倫被刷掉、德肯也被刷掉,但我過關了。這正好印證我的想法,我覺得自己就是有點不一樣,就是比別人厲害一些。有幾個人想跟迪倫和我住在一起,不過沒人受得了我們。他們無法和我們住在一起,因為我們根本都不去上學。晚上就是熬夜喝啤酒、聊天。11 點送女伴回家後,就回房間喝酒、聊天到半夜。已經熬夜到半夜 3 點,隔天早上 8 點的課當然沒辦法去上,所以我們不常去上課。

不去上課,老師可不太高興。要是一直不去上課,遲早就要碰上麻煩。我住在兄弟會所第一學期的成績單,就把肯大所有評分等級都拿到了:A、B、C、D、E(肯大的 E 就是指 F,不及格)、W(退選)、I(沒修完)。我一次拿齊。

儘管很少去上經濟學,我還是得了「A」,因為課上教的我都懂。教授說到邊際消費偏好時,我對自己說:「明白了,這是一種概念,我懂。」我可以看著那些供給和需求曲線,說:「好,沒錯,這個我會。這很有道理。好,如果把供給移到這裡……然後,價格就會下跌……好,我明白了。」其實我連經濟學課本都沒有,我只是在期末考的前一天晚上借了一本,坐著把整本書讀完,然後就去考試,而且考了個「A」,因為我都會啊。我還記得,我邊考試邊想:「嗯,這一題……說的是邊際……我看過……對,那張圖很像……是在那一頁的左邊……應該是在第 250 頁附近吧,那頁說了什麼呢?」我記得在哪一頁,看起來像什麼,書上又

是怎麼寫的，然後我就照著記憶把答案寫出來。我不是說我的記憶力像照相機一樣，但對經濟學我就是很行。那位教授很火大，因為我明明很少去上課，考試又總是拿「A」。這真的讓他很生氣。我雖然不是很認真，但在學校的表現還是不錯。

歷史科我拿到「B」，其他拿「C」「D」「E」的科目我已經忘了是什麼，「W」是哲學。「W」是指後來退選所以沒有成績，這樣也很好，因為就不會不及格了。這就等於一開始沒選修這個科目。天曉得我怎麼會選修哲學，我根本就討厭哲學啊！對我來說，這一點意義也沒有，這種虛無飄渺，抓不住的東西，什麼「我思故我在」，誰理你啊？對我來說就跟棒球之於母親一樣：一點都不實際。所以我毫不猶豫地退選哲學。

▍你很適合從事那行

「I」是我未修畢的科目：統計學。雖然我喜歡那位教授，克里斯汀博士，但我不喜歡統計學，實在是太難了。有一天克里斯汀博士打電話來：「有個朋友來找我，你該見見他。我想你會喜歡他的工作，你很適合從事那行。」他那位老朋友是賀拉斯·「傑克」·沙門，也是肯大畢業生，當時是肯塔基州路易維耳某期貨專業經紀商的業務經理。

對於克里斯汀博士說的，我其實沒什麼興趣。不過我一向尊敬克里斯汀博士，心想：「也許我真的會喜歡傑克·沙門的工作也說不定？」所以我就去克里斯汀博士的辦公室，跟沙門見面。那時傑克已經坐在裡頭，說什麼黃豆價格的漲跌、天氣、日本、作物面積、產量和市場的起起落落，又說輸贏有多麼大。而那句輸贏很大，引起我的注意。

「做這行會賺錢啊？」

「可以賺很多錢喔！」

哇！這就是我想做的嘛，賺很多錢！人家問我畢業後要幹嘛，我都說：「賺很多錢。」「喔，不過你要做什麼呢？」「我要從商啊。」其實我不知道要幹嘛，也從沒想過要做什麼。做什麼都不打緊，重要的是可以賺多少。

離開學校

1965 年 8 月我總算畢業了。是啊，8 月才畢業，因為大一會計的下學期，我拖到暑修才搞定。我就是討厭會計啊！我覺得會計只是「在尋找消失的 5 分錢」的狗屁。我的看法是：「誰管什麼 5 分錢在哪兒？花錢雇別人去找吧。不然我給你 5 分錢就好啦，更簡單。反正就是別再叫我去找什麼失蹤的 5 分錢！」1965 年 8 月東南亞戰火持續延燒，而早在越戰開打後的 1961 年，我大一時就加入儲備軍官訓練團

（ROTC）。我那時想，萬一越戰戰事擴大，去當軍官比當小兵好。我試過當小兵，我不喜歡，當軍官比較好。軍官就像是鄉村俱樂部的會員，而小兵只是背球袋的桿弟。寧可發號施令叫小兵去擺迫擊砲，我也不想自己去搬，所以我簽了空軍的預官役。後來有個朋友告訴我，因為我是大學畢業生，所以有資格進入軍官培訓學校（OCS）。要是我能去軍官培訓學校混六個月就行，幹嘛還加入儲備軍官訓練團當四年學生啊？所以我馬上就退出儲備軍官訓練團。但這是失算，莫大的失算啊！誠然軍官培訓學校只需六個月，但在此之前還要再接受四個月的嚴格訓練。跟這十個月相比，儲備軍官訓練團簡直是去野餐。

畢業後，我去應徵了幾家公司，卻都找不到工作。因為我是「1-A」身分，根本沒人想用我（「1-A」是徵兵處的分類，表示隨時可能入伍）。顯然我唯一的工作機會就是去報效國家。這我也沒什麼好抱怨的，我既不是扁平足，兩眼視力都是 1.0，而且也還沒結婚。徵兵令現在正全速啟動，可說人人有獎。只要是「1-A」身分，遲早都要入伍的，除非神通廣大。

既然找不到什麼像樣的工作，我只好先回老家跟爸媽窩在一起，在進入軍官培訓學校前先打打零工。我高中時曾在白馬餐廳打過工，該餐廳算是家相當高檔的晚宴俱樂部。我向老闆毛遂自薦，這對過去只是跑堂小弟的我來說可真是厚

臉皮，但我根本不知道不該如此。我對老闆說：「哎，我的問題是，我遲早得入伍當兵，在還沒入伍前我想要有份工作。不過我不想當跑堂小弟，我 22 歲了，而且也是個大學畢業生，所以我不要跑堂端菜。我想，我可以當個調酒的。」讓我驚喜的是，他說：「好。」

我敢跟各位保證，美國社會裡還有另一個白天睡覺的社會。這個社會是由「夜貓子」組成的，就是餐廳小弟、女服務生等，所有那些餐飲、娛樂業的服務人員。他們不是生活在白天，而是晚上。在夜貓子社會中，酒保的地位可說非常高，就好比白天時的醫師、律師一樣。跟其他夜貓子相比，在一家夜間餐廳裡，正牌調酒師可是高高在上。在夜貓子社會中，紐約華爾道夫亞士都大飯店的首席調酒師，就算是個大人物，所有男女服務生、跑堂小弟都會覺得他超酷的，唯一比他還酷的大概就是餐廳領班。所以，你如果是餐館的二號酒保，可說是離頂端不遠了，就像是夜貓子裡的查理・羅伯奇。我突然發現自己在 22 歲時，於夜貓子社會中占居高位。有些芳齡 30 的女服務生對我有意思，不過她們發現我還在等著當兵上戰場，無不感到些許失望。

▎你現在加入陸軍囉

但在等待入伍令的同時，我想進入軍官培訓學校卻有個

問題。是什麼呢？唉，因為我有兩次行為失檢的輕罪前科紀錄，兩次都是在佛羅里達州渡春假時發生的。一次是我在德通海灘升營火時，拿飯店的木製躺椅當柴燒（當時覺得這個主意還不錯啊）；另一次則是在羅德岱堡打破戶外展示櫃，想把裡頭的旗魚標本偷偷帶回兄弟會（我根本不記得當時是否覺得這也是個好主意）。

所以在我申請軍官培訓學校時，申請表上有一欄題目問道：「你曾經遭到逮捕嗎？」我就不得不回答：「對。」為了要進軍官培訓學校，我只好去趟華盛頓。我爸認識一位聯邦法官，而蓓特老爸最好的朋友是田納西州的國會議員。所以我就去了華盛頓，拜見法官和國會議員。聯邦法官對申請案有幫助，不過最後幫我搞定的是國會議員。這次，我學到打個電話很有用。只要你能找到正確的人，就能把事情搞定。他對我說：「你確定不想進海軍？海軍欠我很多人情，要把你弄進海軍很簡單。」（但關鍵是：大學畢業生進軍官培訓學校，授階後陸軍只須服役兩年，海軍三年，空軍則要四年。我當然是想越早退伍越好啊！）我說：「不，先生，我真的想進陸軍。」於是國會議員一通電話打到陸軍去，我就進入陸軍的軍官培訓學校了。

入伍生基本訓練和軍官培訓，很像是兄弟會時整菜鳥的遊戲。他們會故意要求新人在不可能的時限內完成某些事，看在壓力之下的表現如何。遊戲是這麼玩的：「我們把這傢

伙逼到忍無可忍，看他會怎樣。」就好比是利用大一英文科目來刷掉學生。要是不曉得這只是一場遊戲，而且不知道怎麼玩，可就難過了。這場遊戲的目標，就是盡可能在最短時間內刷掉越多人越好。要是把這件事看得太認真，那麼訓練過程的壓力真的很大。但要是你能把它想成：「這只是一場遊戲，這些小丑就是想把我搞瘋而已。」那事情就不難啦！對此我沒什麼問題。體能上的要求雖然很高，但心理上也算是還好。我知道這是個遊戲，我了解規則，也知道他們為什麼要這麼搞。

　　培訓班上成績前 20％ 的學員會被留在馬里蘭州的阿伯丁試驗場（Aberdeen Proving Ground），擔任軍官培訓計畫的教官。擔任教官是學習當眾演講的好方法，因為面前總會有一群軍官入伍生，而且階級比你低。至於你的所作所為，都不必擔心他們會不高興。你是少尉，他們才剛入伍，全歸你管啊！誰要是敢搗蛋，就讓他好看！從那時開始，我就對至少五十人甚至更多人演講超過百次，我挺喜歡這種經驗。

　　我從軍官培訓學校結業又留下擔任教官後，還必須去軍事專門學校（Military Occupational Specialty，MOS）受訓。開訓首日，有個將軍來介紹課程，說是結訓時會根據這項、那項的學科標準，挑選成績最佳者頒授榮譽結業生的頭銜。

　　那天晚上我回家對蓓特說（那時我們已經結婚了）：「就是這個！我這輩子聽夠那些狗屁，說什麼我沒做到該做的，

說我沒有發揮潛力。好吧，我告訴你我要幹嘛。我要當那個該死的榮譽結業生，我就是那個人！我一定要做到。不管什麼代價，我都要做到。」課程結束時，我還真的成為榮譽結業生。簡直是不敢相信！我還真的做到了，而且也不是那麼困難！我只是搞清楚了遊戲規則，然後照著走就是。

當然，我接受陸軍提議，在阿伯丁擔任教官。這份工作真是太好了！同事也都曉得我是個很好的教官。對此我駕輕就熟。當教官，講授內容都一樣，只是換不同的人來聽，這不是很簡單嗎！有很多事情我不會，比方說數學、統計學，不過上帝在分配才能時，一定是這麼想的：「就讓這傢伙很會講話吧！」

我是阿伯丁第一個當上總教官的少尉。這對我來說也不過就是另一場遊戲。當然要做一堆狗屁事情，但我就做，而且也不難。別的總教官至少是上尉階級，大多是少校或中校，只有我還是個少尉，階級最低。

不管是總教官頭銜、軍官培訓或軍事學校榮譽結業生，我都用同樣態度面對：「這是一場遊戲。規則是他們訂的，我要了解規則，然後照著走就可能會贏。沒什麼大不了的，也不難。」有些事情會讓人覺得很火大，但也不是針對我。沒什麼針對個人的，他們訂下那些規則時，根本也不知道我會來啊，所以跟個人無關。要嘛就好好地利用制度，不然就等著讓制度擺布你，隨你挑一個。當然我喜歡利用制度，因

為這樣才有趣，贏的也才多啊。要是讓制度擺布你，那你可能會很洩氣、很容易被打敗。

在阿伯丁十三個月後，我接到命令轉赴南韓，從此我的軍事紀錄也開始累積。因為我擔任教官和總教官的榮譽，所以獲得一枚勳章。軍隊對這種功績是非常注重的，因此我晉升中尉。他們叫我當營部的人事參謀官，主管人事。我是韓國漢弗萊營區的參一，處理的都是文書工作，等著我簽名的公文很多。我恨死文書工作，不過還是得做，而且也比前任多花一點心思來處理其他事情。我想出許多新點子和做事的新方法，所以很快又被注意到了，隱姓埋名真不是我擅長的事。

有一天，我接到旅部參謀主任（營區二號頭目）的電話，說要找我過去吃午飯。我馬上跟直屬長官報告，先取得許可（軍隊裡最注重這種指揮系統的關係），才去旅部跟參謀主任吃飯。結果他叫我去當參三，也就是旅部的作戰官。各位要明白，這個位置等於是整個旅的三號頭目。一個旅最大的是旅長，第二是參謀主任，再來就是旅部作戰官。

從營部文書官到旅部作戰官大概差了五級，所以這傢伙是讓我連升五級。旅部作戰官通常是中校，而我只是個中尉！按一般程序，我要先升上尉、少校、中校，然後才有資格擔任這個職務。結果我就以 23 歲之齡榮升旅部作戰官。我對參三業務的理解，跟我對冰上曲棍球哈特福特捕鯨隊的

守門員差不了多少。我根本不曉得該做些什麼。好比是 6 英呎 3 英吋（約 192 公分）的身高走進 10 英呎（約 305 公分）深的水中，真是自不量力！

這個旅的任務之一，是負責駐韓第八軍團的核子武器儲存。我手邊的文件，幾乎都是最高機密等級。真是誇張，小弟才 23 啊！他們都瘋了嗎？我不想負這個責任啊！老天，這真是太可怕了。我威鎮四方的唯一成就也不過就是阿伯丁的總教官，而且那份工作很簡單好嗎。兩年前，我還在德通海灘燒旅館躺椅升營火，現在身旁就顧著可能引發第三次世界大戰的東西！我好緊張啊！保管核子武器的事應該交給別人嘛。

越戰在 1960 年代增溫不少，因此韓國情勢稍稍退居幕後，直到普韋布洛（Pueblo）事件發生。1968 年北韓在國際海域扣押美國間諜船普韋布洛號。要是知道這起事件中我身居何職，包準全世界都嚇壞了。

軍中經驗讓我對錢的信念更加強，不管你做什麼，錢最大啦。不過在軍隊裡並不是這樣，你的職務比錢還重要。我以中尉階級擔任中校職缺的作戰官，但還是領中尉薪水。因此能夠回到「錢最大」的現實世界，我真是太高興了。我媽已經先幫我打點好，我退伍後就到辛辛那提的賽維爾大學（Xavier University）試讀，主修企管碩士課程。說是「試讀」，是因為我大學部的畢業成績平均積點只有 2.2。這時蓓

特跟我都搬到辛辛那提，住在公寓裡。她開始教書工作，我又回到學校進修。

因為我在軍中的經驗，尤其是我證明了自己是榮譽結業生，所以我此次再回學校也想好好表現一下。我下定決心要拿「A」，不拿「C」。幸虧這次選修的科目對我也不難，行銷、經濟我駕輕就熟，也沒有統計、數學這些科目。我不喜歡數學，當然我跟大家一樣會算術，但算術和數學可是差很大。我不喜歡數學公式，你叫我算什麼 x 跟 y 值，我會說：「誰理你！找別人算。」

我順利通過第一學期的課程。同班同學大都是奇異公司（General Electric）的工程師，他們重返學校攻讀企管碩士學位。奇異公司在辛辛那提附近的伊文岱爾（Evandale）有家很大的工廠，那些傢伙大都是化學或電機工程師，腰帶上掛著計算尺（那可是連掌上型計算機都沒有的黑暗時代啊），不過大多數卻連「marketing」（行銷）、「economics」（經濟學）都拼不出來。

後來我們要選修一門叫「商業計量方法」的課程，這是數學。上課第一天，那個怪胎老師（完全就是數學老師的樣子，陰沉、枯燥，腰上掛著兩副計算尺）就說：「想通過這門課，你得會算微積分。」糟糕！我不會算微積分，連它的名字該怎麼拼都不會，但我一定要修這門課才能畢業。我上了幾堂課，發現什麼也不懂。而那些在別的課程中任我嘲笑

的怪胎們，表現得可好了，都知道老師在教什麼。大家都有小計算尺，為了答案的小數點第三位展開熱烈討論，而我卻連怎麼操作那玩意都不懂。我辛辛苦苦讀了兩天才去參加第一次考試，結果只拿到 38 分，不只是全班最低，而且還低很多。

於是我打電話給高中時期認識的一位哥兒們，他以前在聖母大學主修數學：「雷夫，我需要一位老師，我現在慘不忍睹。我可以付錢給你，但我一定要通過這門課。我不知道該怎麼辦，我希望誰可以告訴我，教我這些東西。」他答應幫忙。這次的遊戲是：我不管自己懂不懂，他就是要教我，讓我可以通過考試。我也是拚了老命啊，雖然還是很多不懂，但終究是拿到一個「C」。

重點是，在經濟學、行銷學方面的課程，我嘲笑那些傢伙不配幫我提鞋；等到數學課到來，換我不配幫他們提鞋。這讓我領悟到，人各有才，有些事你很在行，但有些事就是做不來。不過不必為那些做不來的事情煩心，要是自己搞不定，花錢找人搞定不就好了，沒什麼好擔心的。

腦內觀察家與蝴蝶

因為我的偉大計畫是「從商」「賺大錢」，股票經紀人工作似乎就非常合適。其實這也不過就是正正經經的業務工

作，但要是做得好，的確可以賺很多。於是我決定先去認識一些大老闆，好為拿到企管碩士之後鋪路。我開始拜訪辛辛那提「大街」上所有證券商，貝奇（Bache）、杜邦（DuPont）、宏恩布洛（Hornblower），還有一些現在已經收攤了。我在找能跟學校時間配合的兼職工作，我的計畫是這樣：「從上午 10 點到下午 3 點我可以打工。我什麼都幹，也不計較報酬，如果有的話。不過等我讀完研究所，我要加入貴公司培訓計畫，朝著合格經紀人前進。」可是大型券商大都跟我搭不上，他們只想找全職員工。不過有家大型經紀商例外。

1968 年的這一天，我走進這家號子可說正逢其時，因為某個交易量數一數二的經紀人的助理剛好離職。這位經紀人主要是做期貨，一年的佣金收入大概是 30 到 50 萬美元。在 1968 年！超級強嘛這位。

人事經理的祕書說：「你要先跟人事經理費茲傑羅先生談談。」於是我就去找賴瑞・費茲傑羅，他說：「關於大宗商品，你知道些什麼？」我什麼也不知道啊，不過我想起以前跟傑克・沙門和克里斯汀博士見面時聽過的幾句行話。我就說：「我對期貨一向很有興趣，特別是黃豆……黃豆粉……還有黃豆油。我想搞清楚天氣因素對黃豆有什麼影響。」其實這些也都是從沙門的談話中聽來的。費茲傑羅說：「好，你錄取了，如果科恩同意用你的話。我們現在就去找艾德・科恩。」科恩就是那個買賣做超大的期貨經紀人，費茲傑羅

跟他說要聘用我，經過簡短面試後，科恩也說：「沒問題，你錄取了。」

要離開辦公室時，費茲傑羅的祕書又說我明天還得再來一趟，要填申請表和接受一項測驗。「測驗？什麼測驗？」我問。她說是明尼蘇達性向測驗（Minnesota Study of Values Test，MSV Test）。她剛剛說我還得再玩個遊戲，可是那個遊戲我聽都沒聽過。這是要測驗什麼我根本不曉得，所以我得先研究一下。

我直奔書店，找到《腦內觀察家》（*The Brain Watchers*）這本書，裡頭有三章討論明尼蘇達性向測驗。我立即買下，當晚在家就翻開拜讀，希望在明天測驗前先有所準備。明尼蘇達性向測驗的題目會有五個選項讓你排序，依照個人評估的重要性。這五個選項是：金錢、政治、美學、宗教和社會意義。比方說，有一題我記得是這樣的：

請問你觀賞達文西名畫《最後的晚餐》時，會有什麼感覺？請為下列陳述，排出重要順序。「1」為最重要，「5」為最不重要。

此一事件的社會影響；

這幅畫的美；

這幅畫的價值；

這幅畫的政治影響；

這幅畫的宗教關聯。

根據要應徵的工作，這個排序應該也會有正確和錯誤的區別。如果想當證券經紀人，上面那題的排序應當是「金錢」排最優先，然後是政治、社會意義、美學，最後才是宗教。要是你想當教區牧師，一定是以宗教為最優先，然後才是社會影響等，金錢一定是最後。只要搞懂這遊戲怎麼玩，測驗也就不難了。其實非常簡單，你很快就能看出各項陳述代表的意義，然後就揣摩上意，以老闆希望的來排序吧。

於是隔天我去接受測驗，每題都是金錢：1；政治：2；社會意義：3；美學：4和宗教：5的答案。我故意每一題都這麼答，讓答案看起來很完美。不過這可說是小小的失算，我其實應該一、兩題稍稍把次序弄亂。我的測驗可說完美至極，毫無錯誤。這個測驗評分後會變成一幅呈現某種形態的分布圖，比方說如果是適合擔任證券經紀人，這圖就會像隻蝴蝶。沒錯，我的圖就是一隻非常完美的蝴蝶。不過費茲傑羅根本不在乎這個測驗，他反正都會用我，除非我真的把測驗搞砸了。不過他也說：「你的測驗成績真的很棒，我從沒見過這麼好的。」我說我可是練過才來的。「你不可能搞懂那個測驗的啦。」

「唔，其實可以，你只是不做而已。」我說。第二天我

就開始上班，擔任科恩的助理。

1968 年的股市行情熱呼呼，股價直線上攻，一切看來都很美好，公司裡的每個人都在賺錢。但行情突然停止了，股價開始下滑。這時，公司只剩艾德‧科恩還在賺錢，只有他還在做買賣，其他人則忙著打電話找客人。我對自己說：「我也想去做期貨，我喜歡這個點子，不必只靠多頭市場，空頭行情也能賺錢。」不管你在證券方面的經紀業務能力有多強，大盤一旦下跌，你就麻煩了。這時你要採取守勢，不可能衝出太多業務。

1969 年 9 月，我完成企管碩士課程，事先跟券商約定的培訓計畫啟動，我到紐約接受三個月的經紀訓練。開訓前一個月我趁空檔跟期貨部門的大哥們搏感情。我想知道他們做什麼、怎麼做、理由何在，哪些作為有效、哪些是白費力氣。此時的我可說是在快車道上，因為我已擔任艾德‧科恩的助理一年，紐約期貨部的人都曉得我是誰。而且，我就是那隻性向測驗超完美的蝴蝶。

對此，我再次覺得自己比一般人更優秀。我比其他學員「特別」，因為期貨部門的人我幾乎都認識，而且還是科恩的助理。等到訓練真正開始後，我竟然又負責期貨部分的講授。那些教官都是紐約出身，也只懂得怎麼考試，但他們對期貨其實也不是那麼通透，因為主要的期貨交易所都在芝加哥。他們很快就發現我比較懂那些事，因此讓我擔任助理教

官。他們要是碰到大宗商品方面的問題，就會來找我。要是我也不曉得答案，至少我可以問科恩。所以，我剛剛提到的「電話點金術」，又派上用場了。

有人對期貨部的某人說我在訓練教學上幫了大忙，於是我接到湯姆・歐哈爾的電話，他是公司搞避稅組合（tax-straddle）的高手。他生意做得可大了，一年 2、300 萬美元，都是證券經紀人轉過來的買賣。比方說某個經紀人會打電話問他：「我有個客戶今年賺了 2 億 5000 萬，你能讓他少繳點稅嗎？」湯姆會說：「好啊，你想玩多大？他願意承擔多大風險？」湯姆・歐哈爾在這方面堪稱大師級。

湯姆打電話給我，叫我去他的辦公室。我到了那裡，雙方客套幾句之後，他拿出我的個人資料檔案夾，說：「膽敢畫隻完美蝴蝶，到底是何方神聖。我真是久仰大名啊。」

「抱歉，先生，這是在演哪齣啊？」

「我說的不就是你嘛！沒人畫得出完美蝴蝶的，不然就是你沒聽懂我的意思。」

「喔，我讀了一本書……」

「那本書該不會叫《腦內觀察家》吧？」

「啊，我想一想，對，書名就是這個……這本書對測驗幫助很大。」

「好吧。那麼你覺得，要是沒先看過那本書的話，你也能畫出那隻蝴蝶嗎？」

「說真的，應該也會很接近。就算我事先沒研究過那個測驗，想必也不會差太遠。」（我一直想成為鄉村俱樂部的一員，記得吧？而且我早就相信錢最大。）

「好。我先說明一下我的工作。」

接著歐哈爾說明他怎麼做避稅組合。要是有客戶願意拿錢出來做點避稅操作，公司裡的人都會介紹給他。歐哈爾需要一個助理，「公司要我找個助理，我希望有人學會我的操作方法，知道我在做什麼，就可以協助我。如此一來，我們可以搞得更大。我看了你的測驗成績，當然我們都曉得那只是狗屁，但我還是肯定你的努力。我已經跟你的老闆艾德·科恩談過，他說你是個優秀的年輕人。我要你過來幫我，每年付你 2 萬 3000 美元。」

要是不接受的話，我也只能回去辛辛那提，在科恩底下當個經紀人，基本上也還是他的助理。不過這也不錯，他已經 52 歲了，他有一大本客戶資料。他不會永遠不退休啊，不管誰去當他的助理，以後就會繼承那本客戶資料，然後就能賺很多錢。況且在辛辛那提，我一年大概能賺 1 萬 5000 到 1 萬 8000 美元，這還沒算上我自己找的客戶（一年業績 10 萬美元，大概可分到 2 萬 5000 美元，在 1968 年這可是筆大錢）。而現在這傢伙，居然說只給我 2 萬 3000。

我說：「歐哈爾先生，你叫我來跟你談，我真是受寵若驚。我想，能跟你一起工作，那一定是超級讚的。不過，我

恐怕沒辦法接受這份工作。」

　　然後我很快就明白，這位仁兄不是那種很常被拒絕的人，尤其是被一個不知天高地厚的 24 歲年輕小伙子拒絕。

　　「為什麼不能接受這份工作？」

　　「啊，是因為那個數字。我不想待在紐約，我太太也不想。但要我搬來也可以。要是數字對的話，叫我去阿富汗的喀布爾開家旅行社都成。我家有個新娘子，她肚裡正懷著我們的第一個孩子，她說不想搬來紐約。當然這還有得商量，不過要商量的話就需要一點補償。坦白說，2 萬 3000 美元補償不了。」

　　「你的意思是？你在辛辛那提的第一年能賺多少啊？」

　　「嗯，我只要做到 10 萬美元業績，至少能賺 2 萬 5000。而且我第一年要是做到 10 萬美元，賴瑞・費茲傑羅也會分紅給我。所以我大概可以賺到 2 萬 6000 或 2 萬 7000 美元。所以，你說我怎麼可能會想來紐約只拿 2 萬 3000 呢？要是我覺得勝算……」

　　「且慢！你第一年就能做到 10 萬嗎？」

　　「對啊，我想可以。」

　　「但你不也是要幫科恩工作嗎？」

　　「是的，先生，不然他忙不過來啊。他的客戶一大堆，我就接他吃不下的嘛。我要是有空的話，大概還能做出 15 萬美元的業績。」

「那好吧，我給你 2 萬 7000。」

「3 萬。」

「你滾吧！」

「我有點超過了嗎？」

「是啊，稍微過分了。請滾吧。」

「歐哈爾先生，很高興跟你見面，我也希望沒惹你不快。我們明年再說，到時看是你對還是我對。我不會忘記這件事，也請你不要忘了。我誠心誠意地說，你邀請我過來，願意給我一份工作，我感到非常榮幸。」

結果我第一年的業績就達到 16 萬 2000 美元，可是公司有史以來業績最高的菜鳥。我打電話給歐哈爾：「我今天正式邁進第二年囉。你去查查電腦，會發現我的業績數字是 16 萬 2000 美元。所以對的是我，沒錯吧，是我。而且費茲傑羅又給了我一點紅利，16 萬 2000 美元的話我可以分到 26.7%，所以我在辛辛那提拿到 4 萬 3000，比紐約的 2 萬 7000 好得多啊。你想重新談判嗎？我現在開價是 5 萬美元。」他笑著說：「我已經找到人啦，他沒你那麼放肆大膽，只要 2 萬 8000 就行。」

3

—— 第三章 ——

木材交易

　　我幫科恩工作一年後，公司決定設立區域交易單位。總公司說我們如果要在這個地區做期貨生意，就得搬去克里夫蘭。他們說了我就信啊，但這真是失策。我應該留在艾德·科恩身邊的，不幸的是他也沒叫我留下，等到我知道可以不必走也為時已晚。大家都知道科恩在公司是重量級的金童，他想幹嘛都行。要是他對公司高層說要留下我，我就不必外放了。他是個大好人，就是不太積極。他沒說：「喂，吉姆，你不必走，你可以留下和我一起工作。」所以我以為我也要去克里夫蘭。

　　我受邀去區域交易單位面試一份工作，考慮到我年僅24且只有一年工作經驗，實在是受寵若驚。他們在克里夫蘭留了個位置給我，而我也相當期待。那邊的證券經紀人會把所有期貨生意，轉交給包括我在內的三位期貨經紀人，由我們三人平分佣金。1970年5月我搬到克里夫蘭，第一年

就做得有聲有色，大部分都是木材生意。我在木材業界開發很多客戶，做成許多交易。後來我們的三人期貨小組逐漸擴大為五人，而且我們五人的業績比證券組一百一十二人全部加起來還多！

在我認識科恩、在紐約當教官，而且破了公司新進人員的業績紀錄時，我充滿自信，也一直認為自己鶴立雞群，與眾不同，整間公司的經紀人沒有人比得上我。由於確信規則可讓我玩弄於股掌之間，讓我開始做些蠢事，當然也還不到違法程度，只是有點超越時代且也不只是稍微違反公司政策而已。某個客戶有套交易系統，他希望找點資金來代客操作。他提議由我籌資 3 萬美元交給他操盤，他不收手續費，帳戶盈虧都跟投資人平分。這種代客操盤的做法在現代可是舉目皆是，而且條件對投資人更加不利，不但交易要收手續費，且操盤手也絕不會跟投資人一起分擔虧損。

所以，我就真的找到人籌集資金，我跟那些客戶說我們準備要怎麼做，而他們都同意我提出的條件，雙方也簽下合約。這個代客操盤甚至也取得州政府證券主管機構的核可，登記為有限合夥事業。但我是以個人名義開戶，這其實是與事實不符。

那傢伙一開始是賺了些錢，但後來就開始賠。等到他賠掉 2 萬美元，我開始坐立難安，我說：「好吧，沒什麼大不了的，但你也要賠一半，1 萬美元。」他開了張支票，結果

跳票。當然，公司的營業部經理也注意到這件事。總而言之，這個操盤手不但賠掉原先籌集的 3 萬資金，又虧空欠了公司 2 萬美元。結果不知他是賠不起還是不賠那 2 萬，總之他也沒賠，然後我就被炒魷魚了。我因為「嚴重違反公司規定」而遭解雇，這對紐約證券交易所而言可是十分犯忌的大事。消息傳開後，我到哪都找不到工作。沒多久那個客戶就還錢補足公司虧空，但對我來說已經太遲。

於是我打電話給朋友傑克・沙門，他還在我大學認識他時的那家地區經紀商，但已經貴為總裁。那時我已失業三個月，還是很不想進地區經紀商。不過我總得做點什麼才行啊，況且我還有許多跟我關係不錯的客戶。「我還是可以做木材，你知道哪兒可以讓我做買賣嗎？」我問。

「來幫我們嘛，」他說，「我們克里夫蘭的辦公室可以讓你大顯身手。我可以跟你五五拆帳，而且那邊的所有業績再讓你抽 5％。」我以前那個老闆只分我 25％，如果我能繼續做交易的話，這個條件可說是非常好。有時候，你認識正確的人、身處正確的位置、把握住正確時機，馬上就能扭轉乾坤，有道是天時、地利、人和啊。於是我去幫沙門工作，加入那個只有四個人的克里夫蘭辦公室。我的客戶也陸續跟過來，因此生意很快就恢復正常。

從 1973 年 1 月到 1976 年 7 月之間，我賺了不少錢。1971 年尼克森宣布廢除金本位以後，大宗商品市場熱呼呼；

到了1973、1974年，糧食市場更是一陣狂飆。我的客戶賺很多，我也賺很多。我不但買了房子，還買了一輛跑車。我去參加經理會議時，業績排行可是艷冠群芳兼睥睨群雄。我再次感受到自己點石成金的能耐，簡直無往不利。我雖然不奢望狀況還會更好，但運勢就是擋不住。

▌芝加哥

我是想成為交易所會員，但我只想交易木材，不想跟正規會員一樣為其他商品的交易權利多花錢。1976年，芝加哥商品交易所就提供這種會員資格。當時芝商所董事長李奧・梅拉美德為籌錢蓋大樓，又不想讓成員太過膨脹而稀釋正式會員的權益，就想出一條妙計，新設一種稱為「非畜牧商品會員」（Non-Livestock Membership，NLM）的資格，只能交易木材和雞蛋。非畜牧會員資格只要2萬美元，而芝加哥商品交易所和芝加哥期貨交易所（Chicago Board of Trade）的正規會員資格都需12萬5000到15萬美元。

我打電話給傑克・沙門，嚷道：「機會來啦！我要去芝加哥，我想我在克里夫蘭已經很成功了。所以我這邊打點好後就要去芝加哥。」於是我買了那個會員資格，在1976年6月搬到芝加哥。

順利轉戰芝加哥，我得為這個新工作增添行頭，顯顯氣

派。我以前兄弟會有個老夥伴吉米・蕭華特，他在肯塔基州的萊星頓開了家男裝店，裡頭有些好衣服，像是高級西裝希奇・傅立曼（Hickey Freeman）之類的衣服，雖然不是亞曼尼（Armani），但檔次也非常高。我打電話問他星期天能不能登門拜訪，我想趁他店休的這天好好為自己挑點衣服。「喔，咱們現在是在談多大的事呢？吉姆。」我聽得出來他不是很樂意在星期天光為我一人開張，我說：「我說的是花筆大錢買些新衣服，大概就 8000 到 1 萬美元吧。」這下子要吉米星期天為我開張也不成問題了。於是，我便搭機飛往萊星頓去購置新裝。

取得交易所會員資格後，要選定自己的代號。這個代號屆時會印在自己的標章上，做為交易場上的身分識別。最好是找個響亮名號，大家才會常常跟你交易。有些人就用姓名的縮寫字母、暱稱或其他一些醒目名號，以好認、好記為佳。我嘛，我總是在尋找於己有利的條件，所以就挑了「幸運」（LUCK）作為代號。跟什麼光鮮亮麗、誠實善良相比，我寧可要幸運。我想，稱呼自己幸運應該也會招福納財，況且這也好記。大家都會知道那個「好運」的誰，必定是個好認又好記的標章。

▌ 摸熟交易大廳

我很快就發現，木材交易場上最厲害的操盤手叫史都‧
金寶，他可說是技壓全場，獨樹一格。就像過去在鄉村俱樂
部時我總是向著大哥靠攏一樣，我想好好認識一下這位金
寶。所以，儘管不知道有什麼好方法（就像我在兄弟會的菜
鳥鍛練期一樣），有一天我便直接走過去，對他說：「史都，
我可以跟你一起吃個午餐嗎？」

「我不吃午餐。」

「那，我能請你吃晚餐嗎？或者我們一起去喝一杯？是
這樣的，不管你怎麼想，我只是想跟你聊聊。你是交易場上
最棒的操盤手，我一定要跟你聊一聊。」

「那好，我們就吃午餐吧。」

我結識史都‧金寶以後，又設法跟交易大廳中的另一號
人物，喬‧西格爾搭上線，再次讓自己跟大夥不相同。喬大
都在豬腩和木材交易場跑來跑去。我跟他們兩人都學到很
多，直到現在我都認為金寶是我僅見的機械式交易法中，最
厲害的操盤手。

▌ 飆速人生

因為新設非畜牧商品會員，芝加哥商品交易所決定在董

事會中增加兩位董事，提名委員會從非畜牧商品會員中挑選
四人以競逐兩席，他們也找上我，問我有沒有意願參加競
選。我猜是我這一身打扮讓他們以為我挺像回事。交易大廳
的服裝規定是一定要穿上交易背心、打領帶，沒人穿牛仔褲
和運動鞋。別人都穿著卡其或燈芯絨的褲子，只有我穿著
600 美元的三件式西裝走來走去。我當然還是再套上交易背
心，而且領帶還是 50 美元一條呢。我平常上班就很注重穿
著，到了交易大廳更是精心打扮。我就是覺得自己跟別人不
一樣，我自認比人優秀嘛。

　　競逐董事席位，對我來說可是場耀眼的「比賽」，就跟
大一英文、軍中頭腦體操和明尼蘇達性向測驗一樣。我說：
「當然！我很樂意成為候選人。」

　　如果高中時有人叫你出來競選學生代表，你會怎麼做？
會不會你雖然嘴上說「好」，卻又刻意低調處理，只因為怕
落選了會覺得尷尬？所以我對自己說：「要是落選的話，不
管是否曾經努力過，結果都是一樣的。所以我們就拚這一
次，全力衝刺。萬一這樣還是沒選上，那就沒選上，有什麼
大不了的。」

　　為了獲選我可是卯足全力。我發表自己的「施政」理
念，傑克‧沙門跟我自己都親筆寫信固票、催票。但其他那
幾位呢，沒人真的在競選。他們想的大概就是：「我怕輸，
所以我不要競選。」在這種情況下，要是積極努力，勝利必

定手到擒來，因此在總數 150 票中我囊括 121 票。

我到芝加哥才六個月，就當選芝加哥商品交易所董事。當時我 33 歲，看起來像 25，行為又像 22，但我是董事會成員。選舉結束後，李奧‧梅拉美德來找我，說我也要代表非畜牧商品會員加入董事會中的執行委員會，因為我囊括大多數選票。後來我才發現，真正管理所有事務的是執委會。你要是看到十幾個人在開會，那都不是真的執委會。執委會是個真正做決策的小組，當時董事會中有十八位董事，但執委會成員只有六位。那時候我才剛當選董事，甚至不曉得還有個執委會，但突然間我就是執行委員啦，真是難以置信。這時候我才到芝加哥六個月，但因為我力爭上游，我穿著三件式西裝和 80 美元一雙的鞋子，對市場認識不少、在業界人脈通達，所以我就當選了。

經過一連串的機緣巧合，我彷彿也成了個期貨界的要角，突然就進入那個重要的小圈圈裡。幸運的是，我打進這個圈子之後，表現得也不差。我按照規矩辦事，和交易所及整個業界都非常融洽。才剛到芝加哥不久就成為交易所主管，而且短短時間內就結交兩位場內最好的操盤手當朋友，這實在是令人非常振奮。我開始覺得自己應該也是「大戶」之一。我每天都會進交易大廳，雖然主要是幫客戶做交易，但也開始為自己的帳戶做買賣。那時我一年大概賺 2、30 萬美元，但大部分的錢都花掉了。我花錢亂買一些東西，有一

半我都不記得到底買了什麼,甚至連自己投資些什麼商品都不記得。四面八方我都得心應手,自我膨脹得不得了;我是董事、是執委會成員,而且也是金寶和西格爾的朋友。我真是與眾不同啊!我大學時加入兄弟會的菜鳥時期就表現不凡了,在軍中更是連跳五級,我就是比別人更優秀一些。記得有一天早上正要去上班,我在大廳鏡子前拉正領帶,然後看著自己說:「天啊,這真是飆速人生。」我的生活真是棒透了!不可能再更上一層了吧?但,好戲還在後頭。

登峰造極

當時公司還有一位同事也從事木材交易。賴瑞・波德里克在公司的聖路易辦公室做現貨木材。我們兩人都跟波特萊奇(Potlatch)公司有往來,該公司是美國西北部造紙和木材業大廠。波特萊奇家族大概是諾亞方舟時代就開始做伐木業吧,幫他們操作交易的是一位叫湯姆・唐傑的先生。有一天唐傑打電話來說:「你在芝加哥忙你的,波德里克在聖路易忙他的,這真是蠢斃了!你們應該聯手一起做嘛。我們要不要聚一聚,吃個午餐,聊一聊?」

我們在西海岸餐廳吃午餐,唐傑說:「兩位,你們要是聯手,就會是業界最好的操盤手。何不找出一種合作模式,別再單打獨鬥。」於是我們便開始合作。成為夥伴之後,我

們的生意開始衝很快，因為這個合作模式的確很有效。賴瑞在現貨市場眼觀四面，我在交易大廳耳聽八方，一起做得有聲有色。

我每天走進木材場下大單，「這個買進 50 口、那個賣出 100 口！」下這麼大的單，真的會讓人沖昏頭，因為場內其他人也不知道你這麼大手筆，到底是有客戶當靠山，或者你自己就是那座山。三番兩次之後，你用個人帳戶交易也會這麼大手筆。如果以交易量來看，我是場上最大的操盤手。賴瑞跟我在木材市場上都占有相當大的份額，在每天大約 3、4000 口的交易量中，我們兩個為客戶及自己下單達 6 至 800 口。我身高六英呎三英吋，聲若洪鐘，一開口就是 100 口的單子，也算是場上奇觀。

所以不只是我覺得自己很厲害，很多人也覺得我有一套。我認為自己與眾不同，我比其他人優秀，彷彿擁有點石成金的魔法一般。我以為事實就是如此，但並不是。我根本沒想過，在我自我感覺良好到不行時，其實也只是幸運罷了。比方說，當我派駐韓國，以少尉之階擔任作戰官，是因為我優秀或只是因為幸運？是幸運，那時大家都被派去越南，因此韓國那邊人才短缺。我去證券商應徵，剛好碰上科恩的助理辭職，是我優秀還是幸運？是幸運。我到芝加哥六個月就成為董事和執委會成員，是優秀抑或幸運？是幸運。生命中這些成功經驗讓我自以為全知全能，絕不會犯錯。但

大多數的成功其實只是因為幸運，而不是我特別聰明、特別優秀或跟別人真有什麼不同。只是這時我並不了解這點，但日後必定會發現。

4

—— 第四章 ——

投機豪賭

▌木材暴跌

我永遠不會忘記,做交易賺 5000 美元的那一天。那感覺就像 10 歲時,第一天當桿弟賺 5 塊錢的時候。為了賺那 5 塊錢,我當桿弟當了一整天。我背了 10 小時的高爾夫球袋,才賺到 5 塊錢。雖然 1 小時才 50 美分,但那是全世界最美妙的感覺。後來,我一天就賺 1 萬美元。也是一樣的感覺。然後,我一天就賺了 2 萬美元,就這樣越做越大。

有一年感恩節,我回家鄉肯塔基探望爸媽和弟弟。感恩節後那個星期五,弟弟跟我一起飛到芝加哥,想見識一下我的工作。當時我在木材市場做多,到芝加哥時才剛賠了 4、5 萬美元。我們邊走進木材交易場,我邊向他解釋運作方式。為了讓他更明白實際狀況,我當場買了 10 口合約。沒過多久市場開始翻漲,我跟著一路買上來。那天我們離開交

易場時，我只做 1 小時的交易就賺了 3 萬 7000 美元。我做多又碰巧市場上漲，這種情況很多，有時候就是這麼得心應手，說要出錯也很難啊。那天包括客戶賺的錢和我自己拿到的佣金，總共大概有 10 萬美元吧。那感覺就跟我第一天做桿弟賺了 5 塊錢一樣。

1980 年 12 月，波德里克跟我都在生涯高峰。木材業界沒有不跟我們來往的，因此我們的客戶名單可真是洋洋灑灑，控有資金超過 350 萬美元。當時另一家地區性號子新任董事長找上我們，想把自家公司搞大。他不只想要我們帶著客戶過去，更想利用我在業界的地位。要是我過去跟他合作，他那家小公司的聲譽馬上水漲船高，所以他提出一些非常優渥的條件：分紅五成、費用報銷專戶、超讚的辦公室、頂級家具，裡頭甚至還設了酒吧。我明白地告訴他，這麼做的話他公司可賺不到錢，但他不在意。這可能是我職業生涯的頂峰吧。我賺了很多錢，手上有許多大戶，我既是交易所董事又是執委會成員。人生真是美好啊。

1979 年到 1980 年間利率暴漲，美國房屋市場迅速轉疲，木材市場跟著叫苦連天。高利率掐住新屋銷售的脖子，而房屋就是木材的主要市場啊。於是木材價格大幅下跌，成交量也急遽萎縮，從每天 6000 口合約掉到只剩 1000 口。不管你原本在市場中如何呼風喚雨，當市場交易冷到如此地步，誰都會出問題。於是，木材期貨的業務量很快就難以支

持我揮金如土的生活方式。

▍阿拉伯馬的失敗

我認為可以把我的「賺錢天分」應用到其他的商業合作，這樣就能維持我的揮霍生活：「我知道自己在做什麼。我很聰明，我家財萬貫不就是證明。」吉姆‧格里斯曼是我所認識最聰明的人之一，也是個瘋瘋癲癲的傢伙。他很會說大話、畫大餅，但也總能想出一些很棒的計畫來賺錢。比方說，他曾提議我們一起買個南美洲的小島，大概要花200萬美元。但我們實際上只要拿出10萬美元，其餘可利用島上種植的柚木做抵押來貸款。然後我們可以把那些柚木賣掉，暴削一筆，等於是白賺了一座小島。格里斯曼就是這麼瘋狂，不斷蹦出一些點子，每個星期都會想到一個可賺100萬美元的新想法。

有一回他說起阿拉伯馬：「你先買幾匹好馬，再讓牠們生小馬，送到馬展上展出，然後就會大賺。」

「你確定這樣行得通嗎？」

「成啊！」

我是不曉得這些馬怎麼會這麼貴，而且還能靠這個賺大錢。這些傢伙什麼也不會啊，既不賽跑也不跳欄，什麼都不會嘛，只供展示用。只要牽著走來走去，就有人花200萬美

元買下，只因為牠們看起來很漂亮，這對我來說真是難以想像，不過格里斯曼跟我都開始四處物色阿拉伯馬。

有一天他對我說：「我找到啦。有對夫婦正在辦離婚，要處理掉所有共同財產，他們有匹阿拉伯馬，可用 2 萬 2000 美元買到。」這是我現在想得起來的第一個數字，他提到要買一匹什麼都不會的馬。所以我們就去看那匹馬，名字是「瑪瑙」。瑪瑙很漂亮，堪稱華麗，是匹深灰色的阿拉伯馬。牠有這個血統、那個血統……之類的。「那就買吧！買下這匹馬。所以還要在牠身上花什麼錢呢？」

這玩意兒是你一沾手，牠身上的收銀機就會嘩啦啦動個不停。我們要把牠從馬廄運出來，供吃、供住、要找獸醫，還得花錢訓練。幾個月下來，牠的身價當然不凡。我們在瑪瑙身上花了不少錢，有幾項也都高達 2 萬美元。

然後有一天，我接到格里斯曼的電話。

「我想跟你談談瑪瑙。」他說。

「怎麼啦？瑪瑙怎麼了？」

「瑪瑙在俄亥俄州馬科醫院的急診室，正在接受檢查。」

「天啊！現在狀況如何？」

「說是得了一種罕見的血液疾病。」

當然，那時我們還沒幫瑪瑙投保。我們以為，在進行訓練和公證血統之後，牠的身價會比原先的保險金額還高。後來這傢伙又花了我 3 萬美元，最後還是不治身亡。這場阿拉

伯馬大慘敗在全部結束前就花了大概 5 萬美元。如今我才意識到,我連馬都不會騎,還想靠阿拉伯馬賺什麼錢啊。

▎黃豆油價差套利

我決定別再養什麼馬,還是回來堅守市場比較實在,至少我明白市場裡發生什麼事。因此在木材市場日漸萎縮之際,我的買賣也相應調整。工作地點從交易大廳慢慢換到樓上辦公室,靠報價機幫一些投機客做買賣,經手商品也日益擴大,不再只限於木材。我自己也開了幾個投機帳戶,並利用原先的木材帳戶來做其他商品買賣。

因為業務上的調整,我需要一些協助。木材市場我是很熟,其他市場則不然。我有個老朋友,柯比·史密斯那時剛好也加入這家地區性號子。這也是「花錢找行家」的老把戲。我以前在另一家號子時就認識柯比,雙方一直保持聯繫,而他對於各類市場的認識之深和廣,也一向讓我佩服。他就是知道一些我不知道的東西,這正代表我一貫的想法:「知道比我多的人一定非常聰明,因為我就夠聰明了。」柯比也的確是非常優秀,對許多市場他知之甚多,尤其是穀物市場。

1982 年夏天,柯比開始注意黃豆市場。黃豆價格從1979 年以來持續低迷,而柯比認為黃豆油即將有大行情(黃豆油即是由黃豆壓榨得出,另一項商品為黃豆粉)。他一直

在說黃豆油供給越趨緊俏,即將出現供不應求現象,因此價格必定飆揚。而我呢,只曉得黃豆油做成的美乃滋,雜貨店裡的海爾曼(Hellmann)美乃滋可是一大堆。不過,正如我所說的,柯比真的很厲害,對這個市場他熟得不得了。我很快地學了很多,也開始注意黃豆市場。

1983 年初,我們開始在黃豆油市場設定看漲的多頭價差交易(bull spread;我們看漲後市,因此在買進近月分期貨的同時,也賣出遠期月分。一旦供給緊俏、市場出現短缺,近月分漲幅會比遠月分還大,這套價差交易就會賺錢)。就跟平常一樣,一旦我相信什麼,總是四處宣揚,我會打電話給每一位認識的人,告訴他們力挺黃豆油的理由,叫大家趕快搶進,一起撈錢。就算你覺得只是聽過我的名字,都該趕快買進黃豆油啊。我的兄弟、交易商、朋友、客戶,每一個人我都打了電話。我的祕書聽我在電話上說了那麼多次,她自己也開戶做了五套。做這種價差交易最棒的是開頭不必保證金,但每日收盤結算若虧損則需補足。這讓我們可以建立很大的倉位,大到有一天芝加哥期貨交易所要打電話通知我,說我的投機倉位已經超過規定上限的 540 套,多出來的部分必須先平倉。當時不是只有我做的 540 套,還有我呼籲趕快搶進、共襄盛舉的每一個人,市場上總共還有大約 700 套的套利交易。

致富之路

　　那年夏天蓓特跟我本來計畫來趟從沒有過的家庭旅行，帶著孩子們暢遊東北岸。去渡假前，我的買賣做得嚇嚇叫，所以我大手筆地買了一輛全新保時捷九一一型敞篷跑車，又花了 1 萬 1000 美元為 8 月的旅行租下 45 英呎長的露營車。

　　這趟計畫是離開芝加哥後先去華盛頓特區，找我兄弟泰瑞，然後沿著東海岸往北走。我在房車裡已經裝好一具行動電話，在路上也隨時能跟市場保持聯繫。於是 1983 年 8 月 1 日星期一早上，我離開芝加哥後第一件要做的事，就是在午餐時間從房車打行動電話給柯比。

　　「嗨！黃豆今天怎麼樣？」

　　「豆子漲了 20 美分。」

　　「真棒！為什麼漲了啊？」

　　「氣象報告說是天候異常乾燥、炎熱，至少往後十天都是如此。」

　　太好了！我正在度假，然後黃豆正在 1936、1937 年沙塵暴以來最嚴重的旱災中烤得發燙。如此一來，我就算在外頭度假，市場也照常付我薪水。我心想：「也許明年就來個全美走透透，我在路上也照樣做買賣啊。」

　　「那，木材市場如何？」

　　「跌停板囉。」

「哎喲喂。」

還好啦，我的黃豆油大賺，木材小賠，所以還是賺啦。

8月3日星期三，我們抵達我的兄弟家。隔天晚上，泰瑞邀了些朋友一起來吃晚飯。當時他們剛看過一齣跟期貨交易有關的電影，叫《你整我、我整你》（Trading Places），所以他們對商品市場種種和操盤手生活都很感興趣，因此我大半個晚上就在那兒吹噓我在市場上南征北討的故事。他們聽說我的木材倉位正在大失血，根本難以想像我怎麼撐得住這樣的虧損。當然我也告訴他們，我在黃豆油市場可是個大殺手。因為他們剛剛看過那齣電影，所以也都懂我在說什麼。

第二天木材又跌停。於是我打電話給柯比：「能不能打電話問一下誰，看看木材怎麼跌這麼慘。」他挖到一個消息，說某個大型期貨基金正趕著交割前平倉，所以賣壓特大。「唔，那好吧，」我心想：「這沒什麼大不了的。等那個笨蛋退出市場後，行情就會回來了。」結果木材連跌三根停板。5、60口期貨連跌三根停板，可是不少錢，我賠了大概7萬美元。最後，我靈機一動開始問柯比一些聰明問題，例如：「遠、近期價差如何？現在現貨價多少？三合板行情呢？」當時多頭價差已經連續縮小八天，但那一天開始回彈。「好，再敲進20口。」趁現在逢低加碼，等行情回升就能更快把錢撈回來。然後我們離開泰瑞家，繼續旅程。

結果事實證明，我最後敲進那 20 口正是那段時期的最低價，之後大概一個星期每千板英尺（board feet）漲了 13.5 美元。等我到了費城附近，我原先賠掉的 7 萬美元已經扳回 5 萬了。「勝利！在失敗邊緣大翻轉。」我心裡喊著。我奔馳在紐澤西公路上，邊喝百威啤酒、邊用行動電話下單做買賣，以為全世界我最厲害。

幸運的是，木材倉位對我的真正主力——黃豆油倉位也沒什麼影響。我每天都會打好幾通電話給柯比，問他黃豆油行情。

「看起來如何？」

「喔，很棒啊！」

「是喔，我想也是。」

「是啊，很好啦。」

「就說嘛，真希望可以再多買一點。」

我們老「哥兒們」就常常這樣一來一往地對話，其實更像是聚在一起取暖。因為我們的看法一樣、倉位也一樣，這樣的人還聚在一起說什麼行情嘛。

「最近如何？」

「喔，看起來很不錯啊。豆子漲停囉，黃豆油也是。大夥一致看漲啊！」

「大家還在注意天氣嗎？」

「是啊。還有，聯儲會主席保羅·沃克和財政部長唐

納‧黎根最近都跟歐洲諸國央行聯手干預匯市，貶低美元。」

「這會促進出口，刺激穀物價格上揚。對吧？」

「沒錯。」

8 月 11 日收盤後，農業部公布作物報告，指出 8 月 1 日調查發現黃豆作物狀況欠佳。當時市場已經預先反映這項利多，早就連漲好幾天。我又打電話給柯比。

「市場狀況如何？」

「跌停板囉。我們多頭價差的漲幅被吃掉一些。」

「跌停？怎麼會？我以為那份報告是利多咧，不是嗎？」

「是利多啊，不過愛莉西亞颶風已經抵達墨西哥灣，市場認為它帶來的雨水，對密西西比河三角洲的作物有幫助。」

「這種說法也太蠢了吧！愛莉西亞可不會帶來溫柔的春雨。這個風暴這麼兇猛，說不定連黃豆作物都會連根拔起，我覺得市場應該要漲才對啊。」結果第二天又跌停，多頭價差的漲幅又被吃掉不少。

交易場上最古老的法則之一是：要是市場碰上大利多還不漲，反而下跌的話，你要是做多就要趕快跑！一個意料不到的反向行情，表示裡頭必定有某些嚴重問題。政府的大利多報告公布後反而連跌兩根停板，代表這個行情不太妙。面對如此危急存亡之秋，這兩個膽大包天又一頭熱的交易員會怎麼辦呢？是會即時撤離，或堅守陣地繼續賭下去呢？沒

錯！我們認為錯的是市場！我們絕不會這樣就被嚇跑。幾天後，市場又轉向我們預期的方向。我們秉持信念，無懼法則，必定要歡呼收割。我們在烽火線下拿出大無畏的勇氣，就快要獲得回報了。

8 月 24 日星期三晚上，我們的露營車開到賴瑞・波德里克在克里夫蘭的湖濱別墅。假期即將畫下句點，下周一我就要回到辦公室。隔天早上起床後，賴瑞跟我就在別墅裡的辦公室看了一下盤，然後一起去湖邊碼頭。他在碼頭也安裝了報價機、電話和小冰箱。1983 年 8 月的最後一個星期四，我們坐在那裡邊喝啤酒邊看盤，以為生活不會比現在更愜意了。沒想到，後頭還有。

那一周的周一、周二、周三，黃豆油連攻三根漲停板，因此價差狀況持平，既沒賺也沒賠。然而周四價差開始擴大，我們做多的近月分 9 月期貨上漲 150 點，而放空的遠月分 1 月期貨才上漲 80 點。儘管那天收盤價不及盤中最高，但多頭差價套利的表現卻讓人如痴如醉。那天結束時我總共賺了 24 萬 8000 美元，一天就撈到百萬美元的四分之一！

各位還記得，我極力鼓吹認識的朋友一起共襄盛舉，套取黃豆油價差利潤吧？那一天我的祕書賺了 2400 美元（要是一年只賺 3 萬 5000 美元，這數字可真不小），波德里克也賺了快 5 萬。所以那些跟著我做黃豆油價差套利的人，那一天總共賺了快 70 萬美元吧。我接到來自全美各地的電話，

說我是多厲害又多厲害，說我是多麼聰明又多麼聰明。我當仁不讓：「是啊，我真是太聰明了。」但這才只是個開始。黃油豆市場還有長路要走，而我們也跟著走上致富之路。

　　後來從市場上的人脈（我們現在可是黃豆油市場中的重要角色）得知，跟我們對做價差套利的另一頭，是大名鼎鼎的傳奇交易員理察·丹尼斯（這位老兄有「交易場王子」封號。他在 1970 年跟家人借來 1600 美元，花了 1200 美元買下一家二流交易所：美中期貨交易所〔Mid-America Commodity Exchange〕的會員資格，然後以十五年時間從原本的 400 美元資金滾成報導中所說的 2 億美元）。「哇靠！」我說，「大消息啊！我們要讓理察·丹尼斯出局囉！幹掉理察·丹尼斯，我們在交易場上就名留青史啦！真是不得了啊！」我們不但會變得有錢，甚至是名利雙收啊。

▌電話傳來的喪鐘

　　在市場上「證明自己判斷正確」讓人興奮不已，而且能賺這麼多錢也是難以置信。這種感覺就算嗑藥也體會不到，你會覺得自己刀槍不入、無堅不摧，任何痛苦都沾不上身，覺得這世界實在太美好。說起來，就像是上帝還得打電話來跟你請示：「明天是不是可讓太陽升起？」你思考 1 分鐘左右，可能會說：「好吧，繼續。」我打電話給柯比，兩人相互

祝賀。我們的智慧！我們的真知灼見！我們要賺到的錢！不是那些已經賺到的，而是以後還會賺到的錢。對那些已經賺到的，我們一聲驚訝、感嘆都沒有，連一句「好棒喔！今天能賺那麼多真是不可思議」也沒，我們馬上就接受，以為它們就該在我們的銀行帳戶，理所當然地接受，那本該就是我們的。我們絮絮叨叨，談的都是我們會賺多少錢。那一天不就證實我們很正確、很厲害嗎？我永遠不會忘記那天下午走進賴瑞的房子，拿起一本頂級消費目錄《羅博報告》（*The Robb Report*）。這本雜誌本來是刊登一些勞斯萊斯二手車的資訊，後來淨登些貴到離譜的蠢東西，像什麼 500 萬美元起跳的豪宅啦，狩獵小屋啦，豪華大莊園啦，還有整座小島的販售資訊呢。能登上這本雜誌的東西，都是最頂級、最昂貴的品項，就算是枝筆也會是 500 美元起跳。

裡頭有一節討論度假露營車，勞斯萊斯就出了一款「青鳥漫遊家園」（Blue Bird Wanderlodge）。我坐在屋內翻看《羅博報告》，心裡還真的在盤算要不要買輛 40 萬美元的露營車。到底誰會花 50 萬美元買輛巴士啊？恐怕有點不太正常吧？我就是不太正常！我真的在想要不要買輛這種巴士。

周五早上起床後我直奔報價機，按捺不住興奮心情，在市場開盤前我叨念著：「開動吧，好傢伙！開動吸鈔機。衝啊！我要賺更多錢。」我只想賺更多錢。我根本沒想過會不會賺錢，只想到要賺多少。我認定自己成功已然到手，原本

的榮景必定持續下去。

市場開盤後，遠、近期價差從前一日大漲行情略顯修正，大概縮小了 10 點。但這對我的倉位來說可是少賺了 3 萬美元啊！「那也沒什麼大不了的。」我心想（這也是個失控的徵兆。誰會丟掉 3 萬美元，還說「唔，也不太糟啦」。這有點不正常，對吧？星期五開盤後 5 分鐘，我就丟了 3 萬美元，而且覺得還好：「沒關係，可惜不能再加碼啦。」）

後來那天的價差從縮小 10 點又轉變為擴大 30 點，而且一直維持到收盤。歡呼！價差又是如同我們所預期。太完美了！這齣戲的劇本真是寫得太完美了！這個周末我們可把理察・丹尼斯套牢囉，至少我們以為自己厲害。事實上我們還覺得這真是個「好消息」，跟我們打對台的竟然是神奇的理察・丹尼斯。

那一天我賺了 6 萬美元，但最棒的是行情變化正如我所料。收盤前 5 分鐘近月分期貨大漲，我賺 6 萬，其他跟著我的朋友大概總共也賺了 15 萬美元。客戶又再打電話來讚嘆一番：「天啊！天啊！真是太好了，你們真是太厲害了！」當然，我深表同意。

星期六，我開車載家人回芝加哥。歸還露營車時，我又另外付了 500 還是 1000 美元，大概是電話費什麼的。但那種小事我才不管，我沒空理那些。我的態度一貫是：「我想要的，得花多少錢做得到？好，那就做吧！我付錢。」

滑溜溜的黃豆油

　　星期一早上，我開著全新的保時捷九一一型敞篷車，掀開車頂，沿著密西根湖濱公路進入芝加哥。我 7 點半進辦公室，距離黃豆市場開盤還有整整 2 小時。辦公室裡的沙發和椅子，都是西德一種特殊皮革做的，我記得好像花了 7000 美元吧。立體聲音響是要價 4000 美元的高級品牌「B&O」。這間辦公室裡頭的東西，都是最貴的。就像《羅博報告》：「這張桌子你想花多少錢？沒問題，買！」我有一張很特別的桌子，底下是根銅柱，撐著一面 6 英呎長、3 英呎寬、7 英吋厚的桃花心木，桌面看來像懸在半空。書架跟桌子一樣，也是栓在牆上，像是懸空。一走進辦公室就會看到整片地毯，一根銅柱豎起，然後是兩片木板浮在半空，無視地心引力。當時我想做的就是這個：挑戰地心引力。我坐在那張漂亮桌子前，迫不及待地等市場開盤，準備今天再賺個 5 萬美元。我心想應該不會再有比現在更好的生活了吧！我沒說錯，是不會更好了。

　　那個星期一早上黃豆油開盤後，遠、近期價差的變化對我們稍有不利；等到快收盤時，前兩天的增幅幾乎都吐回去了。原因是黃豆種植區周末下雨了。我覺得這也算是還好，畢竟市場已經漲了好幾個禮拜。「這只是多頭市場的回檔修正吧，」我告訴自己，「而且在生長季的最後才下雨，也太遲

了，對作物沒什麼好處。」

8 月 31 日星期三，遠、近期價差再次重創，儘管謠傳蘇聯正商議要採購美國黃豆，刺激豆價大漲 25 美分。由於豆價堅挺，再加上蘇聯的消息，我敢肯定黃豆油行情跟進必定只是時間問題而已。

星期四，黃豆類商品同步重挫（包括豆子、豆油和豆粉），據報導是因為蘇聯戰鬥機擊落一架大韓航空客機。

「韓國客機墜毀，跟黃豆市場有什麼關係啊？」我問。

「大家猜說我們可能對蘇聯實施糧食禁運，就像 1980 年蘇聯入侵阿富汗後，總統卡特對蘇聯進行禁運制裁。」柯比說。

「這也太蠢了吧！俄羅斯人也沒入侵韓國，他們擊落客機也是個意外啊。這根本是兩回事嘛，市場猜錯了，我們不會禁運糧食的。」

我說的沒錯。那個勞動節周末，雷根總統雖然嚴厲譴責蘇聯的攻擊，但並不準備採取強硬的報復行動，也拒絕中斷新的糧食外銷談判。消息刺激下，黃豆價格大幅挺揚，但黃豆油的多頭價差卻是又趨疲軟。於是我又一廂情願地認為，8 月分黃豆油行情比黃豆本身好太多了，所以市場可能先休息一下，才會把行情拉上來，打第二隻腳。接下來市場正在等待 9 月 12 日的農業部報告，因此價差狀況維持穩定。報告顯示強烈看漲，天候因素對作物的損傷比原先預期還嚴

重。隔天黃豆價格開盤跳空幾乎漲停，但收盤時卻打到快跌停板。但是這一天黃豆油收盤時，遠、近月分價差又趨於擴大。

「對嘛，」我對自己說，「黃豆油市場又要反彈上攻囉。豆類商品的多頭市場就是由黃豆油領軍，現在豆油又要上漲，市場已經開始反轉了。」然而隔天黃豆油市場卻再次崩盤，各個月分期貨都見跌停，而現貨月分因為沒有漲跌停板的限制，甚至跌得更慘。

星期五，市場趨於穩定，行情反彈回升收復本周來跌幅約三分之一。到了 9 月 19 日星期一，黃豆和黃豆油市場強力反攻，因為周末在加拿大出現的冬季風暴正逐漸移向美國中西部。「這真是太好了！」我心想，「這期黃豆作物先是經歷幾個星期嚴重乾旱，為 1930 年代以來所僅見，劫後餘生的作物又要遭受早霜的威脅。是嘛，黃豆最後還是要翻揚的，這場霜害會讓市場恢復多頭走勢。」結果事與願違，行情再次滑落。從 8 月最後一個星期五我在波德里克的湖濱別墅回來之後，遠、近月分價差已是江河日下，好景不再。空頭最是無情，偶爾的反彈只是痙攣抽搐，今天漲 1 萬、明天跌 2 萬 5000。

行情持續走軟，我每天大概賠掉 2 萬到 2 萬 5000 美元，而且連續好幾個月。我提供建議的客戶都是經驗豐富、操作嫻熟的交易員，因此他們早在 9 月初就紛紛平倉退場。但我

以為這只表示他們缺乏勇氣，不能堅守多頭陣營，沒有信心長抱。我當然不跑，我是在做長線啊！這次肯定是場大決戰。全世界的黃豆油都快用光啦，說不定連美乃滋都快用光了，而柯比跟我這次要海撈千萬美元！

▍頭暈目眩

接下來幾個星期，柯比和我不停告訴對方：「沒關係啦，行情會好轉的。」不管聽到什麼跟市場相關的新聞報導，我們都自動解讀成「萬事平安」的版本：「現在我們知道市場今天為何會下跌。了解原因之後，利空總會過去，一切都會好轉吧。」所以這一切都被我們一廂情願地合理化。我們就像是《煎餅坪》的丹尼跟他的朋友一樣，把一切不利因素統統合理化：「是啊，我們聽說一些穀物商交割黃豆油了，等他們的貨出完就沒事了嘛！」

到了 10 月初，我的倉位都在賠錢了。黃豆價格已經跌到兩個月以來的最低，從 8 月 11 日農業部發表作物生長報告預期收成減量之後，市場反而跌跌不休。由於倉位狀況欠佳，我開始接獲要求追繳保證金，每兩、三天就要追繳一次，但公司還是一直捧我：「我們曉得你是大戶啊，你是芝加哥商品交易所執行委員嘛。我們都知道你很厲害，而且還有輛那麼棒的跑車。錢對你來講是沒問題的啦。」所以我就

又撐幾天，看市場會不會翻揚。要是翻升，那很好，我就不必再補保證金了；要是還不反彈的話，過幾天我再跟朋友借點錢來補滿短額。

漸漸地，我連外表故示輕鬆、冷靜都辦不到，在家跟蓓特和孩子們嘔氣吵架，他們根本不曉得怎麼回事。太太和家人不曉得交易員在市場上的賺賠，這種情況並不罕見。我不敢回家吃飯，怕跟家人面對面。我瘦了 15 磅（約 7 公斤），晚上睡不著。每天上床時，總想著隔天起床又要再次目睹相同慘況重演，這真是太可怕了！到了星期五我才能鬆口氣說：「幸虧又是星期五，這幾天不必再賠錢了，因為市場沒有交易。」我期待周末到來，這跟我賺錢時的反應剛好相反。一帆風順之際，我巴不得市場早點開盤。如今日日失血，我又恨不得早點收盤。賠錢時真是非常痛苦。我現在只求行情可以回到 8 月的高點，好讓我解套。

倉位已然失血過多，我們還是不願面對現實。每天賠掉 2 萬、2 萬 5000 美元，我們還是互相拉著手，安慰自己說事情就快好轉。當然是從來沒好過，而且實在是難以忍受的痛苦。但我已經無法脫身，只要我留著倉位，我就相信自己還有機會，仍然盼望著撈本。一旦平倉退場，我就什麼也甭指望了。「明天就是我下半輩子的新生，行情就要反轉了，明天！」永遠都是「明天」，但從沒反轉。

到了 11 月的第一個星期，我的虧損已經十分嚴重，虧

空 2、30 萬美元。此時黃豆油報價 25 美分，從 8 月高點算下來，我賠掉 7、80 萬美元。更糟糕的是我還向朋友調了 40 萬美元的頭寸。11 月中旬，保證金又要再追繳，我不想再跟朋友借錢了，所以決定硬撐到底，看行情是否翻轉，讓我解套有望。11 月 17 日，經紀公司派一位高級主管到我辦公室，開始幫我平倉。公司總算大發慈悲幫我拔管，因為我自己辦不到。

他們不只清算帳戶，還扣押我所有資產。我的會員資格被他們賣了，所以我必須辭去董事和執行委員的職位，因為我已經不是交易所的會員。然後他們開始把我辦公室的東西搬走。我還記得，當他們把辦公室剝得精光時，我坐在椅子上哭了。這真是我人生的最低點。我從 8 月 31 日的叱吒風雲，到 11 月 17 日變得一無所有。我不忍再看著他們搜括物品，只把牆上全家福照取下，便離開辦公室。我依稀記得當時在交易所大樓徘徊了好一陣子，不知道自己該何去何從。我跟朋友也借不到錢了，唯一希望只剩黃豆油的倉位。現在一切都完了。唉，蓓特跟我以前也吃過一些苦，這次應該也可以撐過去吧。老天啊，蓓特！我要怎麼跟她說呢？我該怎麼跟她解釋，我十五年來的打拚和所有的錢，就在兩個半月以內賠個精光呢？我走向交易所附近的酒吧，泡在酒精裡希望能釐清頭緒。

喝了幾小時的酒，我搖搖晃晃去找我的保時捷。我記得

當時我以為拯救家人的唯一辦法，就是去自殺。我那時的人壽保險價值百萬美元，我能幫太太、孩子們做的，大概只剩開車以時速 100 英哩撞死在橋上。我心想：「大家都知道我喝得爛醉才離開，看起來就會像是場意外吧。」如果只是自殺，我想保險公司大概不理賠。於是我開上甘迺迪高速公路，想找個好地點。只是在我還沒離開城市之前，就看到後照鏡閃著藍色警示燈，我靠路邊停車，等待警察走到車窗邊。

「麻煩，行照和駕照。你知道你開多快嗎？先生。」

「呃……75 ？還是 80 ？」

「幹嘛不猜 18。」

我真是不敢相信。我醉得一塌糊塗，根本不曉得自己打了一檔就上路開到現在。結果我拿到罰單不是因為超速，而是龜速，說我行車疏忽。我的保時捷在高速公路上以 18 英哩龜速慢行，妨礙交通。

胡思亂想什麼自殺一陣子後，我逐漸恢復過來，但還是在家裡躲了三個禮拜。我整修了客廳的地板，屋前屋後穿梭做些瑣碎小事。我裝模作樣地做些雜工，假裝那是我的「工作」。我也會看看電視上的財經台，好像跟市場還保持聯繫，只是身上連兩文錢都沒有，遑論能闖出什麼來。我甚至還一直更新行情趨勢圖，但根本只是唬人的。我其實什麼都不想做，只是假裝在做點什麼。

▍從谷底出發

　　大概一個月後，我跑去找木材交易場的老朋友史都・金寶。我沒工作、沒錢，真是前途茫茫。但不知為什麼，史都對我一點也不灰心。他認為我發生這些事是再好不過：「很好，我們會讓你重新再站起來的。偉大的操盤手一生至少要破產一次，你不會有事的。」他幫我付錢，租了個歐洲美元交易場的席位，然後教我做他的買賣。這時我才突然發現，我還不是個操盤手。我做不到，不夠優秀。我就是做不到像他那樣，儘管我在理智上可以理解，而且他也教得很好，但我就是不夠靈光、不夠快。他對數字真的很厲害，太厲害了！可是我的腦袋沒他那麼行。我在歐洲美元區做操盤手，根本沒生意，不夠養家糊口。

　　1984 年 9 月，會計師發現我可以把過去三年的收入和虧損平均攤提，重新報稅，即可獲得退稅。於是我把 1983 年的虧損和 1982 年、1981 年的收入綜合申報，從美國政府那裡要回大約 10 萬美元。對於嚴峻的財務狀況來說，這點錢不算多，但也算是場及時雨。歐洲美元的步調緩慢，市場效率奇佳，因此價格不太有變化。我過去習慣的木材市場常見波動，既然我出身自比較震盪的木材市場，說不定也比較適合去交易標準普爾指數。於是我花了 5 萬 5000 美元，買下指數與選擇權市場（Index and Option Market，IOM）的

席位，準備交易標準普爾 500 指數期貨。

我做了五個月，結果沒賺到什麼錢，對它也沒什麼好辦法。再次證實我其實不會做交易。我還是會自我安慰，比方說自己已經很久不進交易場了，因為過去有一陣子我都是躲在樓上的辦公室，透過電腦下單。我又以 6 萬美元賣出這個席位，這是我僅有的資金。我打電話給柯比‧史密斯，他那時在一家小券商工作，我們窩在辦公室裡頭，談著要怎麼做交易，準備重出江湖收復失土。1985 年 10 月我重返交易場，但仍是涓滴進帳，坐吃山空。那時我還在繳汽車和房子的貸款，也要養家負擔所有支出，在這種情況下苦無進帳，很快就撐不下去了。

要是交易不能很快看到成績，我得去找份真正的工作。我必須回去工作才能養家活口，但我不要，因為我相信自己可以做得更好。該做的總是要做，但我還不打算放棄交易。我又當自己是在桿弟休息區，我不會就此抽手，但我要想辦法不再輸錢。現在該當個聰明人了，我要謙虛地學會，下定決心從我的錯誤中，學到教訓。

5

—— 第五章 ——

追尋探索

專家怎麼賺錢？

我把所有錢賠光，不只是因為黃豆油倉位處置欠佳，我也發現到自己不是個夠格的操盤手。當然，我是在市場上賺過錢，但事實證明，我並不曉得自己是怎麼賺到錢的。因此在我必須靠交易來維持生計時，也無法複製自己的獲利模式。那幾年能靠「交易」賺到錢，與其說我是個優秀的操盤手，不如說是優秀的業務員，我在適當的時機、處於適當的位置，結識一些合適的人，才讓我賺到一些錢。就我而言，實在是缺乏與生俱來的交易才能。

發現自己不夠格當個操盤手，是個痛苦的覺悟。要在場內擔任操盤手，我既沒耐心也沒機械式交易的技能，而在樓上當個成功的操盤手的話，我做起買賣來也欠缺一致性。我想要學習交易賺到錢，就要先搞清楚別人是怎麼做的。因

此，我找來許多投資專家的書和相關的採訪報導來研讀。我努力研究華爾街和拉沙街最優秀的投資家和操盤手，包括：彼得‧林區、伯納德‧巴魯克、吉姆‧羅傑斯、保羅‧都鐸‧瓊斯和理察‧丹尼斯等。畢竟，當我們生病時，都會去看最好的醫師，碰上麻煩時也會請最好的律師。因此，我現在也要找到那些最棒的投資專家，看看他們在市場上是怎麼賺錢的。如果我知道他們怎麼做，我就可以東山再起，重新邁向致富之路。而且這次，我一定要留住戰果。

以下就是這些專家提供的賺錢建議。各位要是不曉得這些人的來歷，我在附錄有簡短介紹。

▌ 投資專家打對台

我沒碰過有錢的技術分析師。　　　——吉姆‧羅傑斯

聽到有人說「沒碰過有錢的技術分析師」，我就想笑。很厲害嘛！既傲慢又愚蠢的反應。我搞基本分析搞了九年，最後靠技術分析賺大錢。　　　——馬蒂‧史華茲

讓人看了很糊塗！好吧，也許成功的關鍵不在於你是個基本分析派或技術派。我個人靠這兩種方法都賺過錢，儘管我發現技術分析是必要的，但市場的變化，也往往是基本面

因素所致。也許別的主題,可以揭示專家的祕密。

投資要分散。　　　　　　　　—— 約翰‧坦伯頓

沒錯!我開始抓到些關鍵了,這句話令我深有同感。或許我就是押得太滿,就投入市場的資金來說,我在黃豆油價差交易的比例過大。甚至到後來,我往往只投入一個交易市場。看來這就是我要學習的第一課:多元化。但我繼續讀下去,又看到不同的說法:

多樣化只是一種避險的無知。　　　—— 威廉‧歐尼爾

你的投資要集中。要是你有四十個小老婆,那麼你對誰都不會深入了解。　　　　　　　　　　—— 華倫‧巴菲特

巴菲特在市場上已經賺了 10 億美元以上,我算哪棵蔥敢不同意他的話?但坦伯頓也是現存最偉大的投資大師之一[5],對此他的意見跟巴菲特完全相反。

好吧,那麼多元化或許也不是答案。也許把所有雞蛋都放在同一個籃子,然後非常小心謹慎地維護,照樣可以致

5　2008 年 7 月去世。

富。又或許，我到目前為止所挑選的主題，都太過廣泛，不夠精確。當然，投資專家都認為應該更精確地研究投資和交易技巧的實際應用。

▌攤平

對於投資的企業，一定要了解其業務。不然一旦股價下跌，就難以判斷是否逢低承接。　　——彼得・林區

攤平，是一種可能造成嚴重虧損的業餘策略。

——威廉・歐尼爾

▌賣到最高價、買到最低價

不要在底部釣魚。　　　　　　　　——彼得・林區

別想買到最低、賣到最高。　　　——伯納德・巴魯克

在芝加哥，趨勢也許有幾分鐘是你的朋友，但大都不能靠此致富。　　　　　　　　　　　——吉姆・羅傑斯

我相信市場反轉時最容易賺到錢。大家也都說，想抓頂

部和底部最危險，所以應該把握趨勢，只取中間那一大段。
不過，十二年來我常常放過中段，但抓到許多頂部和底部。
———保羅‧都鐸‧瓊斯

▎鎖定價差

要是你不確定市場再來會怎樣，就找些你認為漲太多的
東西先拋空，這是明智的保護。 ———羅伊‧紐伯格

不管我對後市看漲、看跌，手上總是同時會有多、空倉
位，算是以防萬一。 ———吉姆‧羅傑斯

我試過在同個產業中同時做多和做空個股，但通常不會
太成功。 ———邁可‧史坦哈特

很多交易員碰上商品（或股票）倉位下跌時，就採取對
沖避險來保護自己，也就是說拋空某些商品（或股票）以彌
補虧損。這實在是大錯特錯。 ———威廉‧江恩

我本來就預期專家們的意見可能會有些微差異，畢竟有
些是股市大戶，有些是專精選擇權或期貨交易。不過這些人
有什麼共同看法嗎？從上面那些例子來看，更像是相互攻訐

的辯論。

　　我想找到專家在市場上賺錢的方法，我想知道他們都會的祕密。

　　但要是專家對於怎麼賺錢都沒有相同看法，我又要從哪兒得知什麼祕密呢？這時我才想到，也許根本就沒有祕密。他們不是靠同樣方法賺錢的。甲說某某事不要做，乙又說你就應該這麼做。為什麼他們意見不一呢？我是說，這幾個人從市場上賺了幾十億美元，而且也都守住戰果。他們賺錢的時候，至少也該有些共同點吧？要是某甲做了某乙告誡的事，某甲為什麼沒有因此賠錢？而既然某甲不會因此賠錢，為什麼某乙就會呢？

　　如果照著專家做就能致富，不照著做就一窮二白，這些傢伙應該個個都成了窮光蛋吧，因為他們都不照著專家說的做嘛！個個都相互打對台，他們早都該破產啦！於是我才想到，與其要找尋賺錢的聖杯，也許探索賠錢是怎麼發生的，才更重要。所以，我又把那些專家的意見重新讀過，但這次，是專注在他們對於虧損的看法。

▌虧損

　　我的基本建議是，不要賠錢。　　　　——吉姆・羅傑斯

我更關心的是，怎麼控制失利狀況。要學會接受虧損。想賺錢，最重要的就是不能讓虧損失控。──馬蒂・舒華茲

相對於賺錢，我比較注意賠錢。別光想賺錢，要專注於保護你的戰果。　　　　　　　　　　　──保羅・都鐸・瓊斯

投資法則只有兩條：第一條是絕對不要賠錢。第二條是絕對不要忘了第一條。　　　　　　　　──華倫・巴菲特

大多數菜鳥散戶在虧損還算少的時候死抱不放。他們原本可以在受傷不重的情況下退出，卻受制於情緒和人性，一廂情願地一再延宕，造成虧損越來越大，終致損失慘重。

　　　　　　　　　　　　　　　　　　──威廉・歐尼爾

要學會迅速而俐落地砍斷虧損。不要期待自己永遠不犯錯，而是在錯誤發生時，盡快砍掉虧損。

　　　　　　　　　　　　　　　　　　──伯納德・巴魯克

現在我挖到一些東西了。要是賺錢有那麼多種不同方法，我從那裡頭怎麼可能找到什麼祕密呢？我自己就曉得怎麼賺錢，之前我在市場上就賺到 100 萬美元了，可是我對賠錢卻一無所知。那些專家儘管方法各異，但因為他們都曉得

怎麼控制虧損，因此仍然可以賺到錢。當某甲的方法賺錢的時候，某乙運用相反的方法應該會賠錢——如果某乙遲遲不退場的話。而關鍵就在這裡，某乙不會傻傻地待在市場裡頭，他會在虧損還少的時候就退場觀望。專家們都知道，不要賠錢就是自己的重責大任。

要是玩 21 點的方法都不只有一種，那麼在市場上賺錢的方法當然也不只一種。顯然如何賺錢沒什麼祕密可言，因為專家的方法都不一樣，甚至常常相互矛盾。**學會怎麼不賠錢，比學會賺錢重要**。不幸的是，專家們卻都沒說要怎麼學會這套技能。因此我決定好好研究虧損，特別是我的虧損，看看能否找出在市場上賠錢的根本原因。正如本書開頭時所言，也許我算不上明智，但現在我可是非常聰明。我總算從自己的錯誤，學到教訓。

Part 2

學習教訓

What I Learned Losing A Million Dollars

優秀判斷力通常是經驗的總結，但經驗往往又來自於判斷失誤。

——羅伯‧羅維特，前美國國防部長

原本我是想找尋賺錢的祕密，結果卻變成要先研究怎樣才不會賠錢。何以學會**不賠錢**這麼重要呢？因為一旦在市場上虧錢，通常就會想要找到新的賺錢方法。我們很自然地認為顯然是之前的方法有缺陷，絕不會想到是投資人或操盤手的錯。但世上有那麼多種賺錢方法，你可能一輩子都在嘗試新方法，然後屢戰屢敗，因為你不知道該怎麼樣才能不賠錢。要是能先搞清楚別人是怎麼賠錢的，進而學會控制虧損，那麼獲利自然尾隨而來。

基本上，我發現**賺錢的方法是人人自有一套，但賠錢的方式可就那麼幾個**。而我說的賠錢，也不是在說交易中只賠一次而已。你打網球的時候，不見得每一場的每一局的每一盤都會贏，總是有輸有贏的吧。你總會碰上許多虧錢的狀況，從事任何交易、做任何生意，都是如此。以前花旗集團執行長華特‧里斯頓就說過，做他這一行的要是從沒碰過呆帳，那根本就是個菜鳥。這是真的。要是你完全不能接受虧損，那就什麼都別做了。你該避免的，是那種沒有預先準備、沒提列備抵，那種偷偷來襲令人猝不及防，最後會讓你淘汰出局的虧損。

在市場上賠錢的原因有兩個，二者必居其一：一、分析有錯誤；二、應用上犯錯。正如許多專家所揭示，並沒有哪個分析方法確定必然賺錢。因此，要從諸多分析方法中找到「最好」的那一個，只是徒然浪費時間而已。因此不管我們採用什麼分析方法，應該仔細研究的是要怎麼去應用，或者說是找出應用失敗的原因。儘管我們做出正確的分析、準確的預測，而且也得到可以獲利的建議，很多人照樣是賠錢收場。儘管你訂閱的投資顧問服務有很好的獲利紀錄，為什麼你明明照著做卻也無法得到那麼好的績效呢？這是因為其中有某些心理因素，讓你沒辦法依照建議來應用那些分析。

那些心理因素，可以歸類為二：一、病理上的心理障礙和疾病，需要專業醫師的幫助；或者，二、人人都有的心理扭曲，儘管大家基本上都是心理健全。現在我們感興趣的是後者。

▋ 投資格言可信嗎？

對於那種因心理因素造成的虧損，有許多警句格言似乎可供參考，不過它們往往太過模糊，難以實際應用。但很多人隨口引用這些話，就好像其中真的包含什麼不證自明的真理。大家不加思索地一再引用之後，所謂的名言警句，也像是陳腔濫調一樣。而且，說起來容易，實際上要應用卻很困

難。重複引用這些格言是沒有用的，嘴巴上說說並不會讓其中蘊涵的信念或原理發揮效果。比方說：「不要討論倉位，因為專家不會這麼做。」你就算照著做，也不會因此就成為一位專家。你必須先了解其中蘊涵的法則，才能受益於那些格言警句。專家不討論自己的倉位，是因為他們都曉得一開始是在什麼狀況下才會討論倉位，也知道這麼做會造成什麼危險。格言警句都是以簡潔的形式表達出某些基本原則或行為準則，要記住、重複這些老生常談很容易，但難的是真正把握住其中精髓。

例如，在交易場上經常引用的格言：「儘早砍掉虧損。」聽起來很棒啊，但到底是什麼意思？只要出現虧損，就該把交易倉位處理掉嗎？所謂「虧損」的構成條件為何？虧損又該如何定義？任何投資或交易倉位，在某些時候都可能出現虧損，你怎麼知道這是個必須儘快處理掉的「虧損」，因為價位不會再回來，倉位不可能賺錢？

或者，我們也聽說：「不要跟隨群眾，要逆向而行。」那麼，群眾在市場上到底持有什麼倉位，你又怎麼知道呢？所謂的「大眾意見」，又要以誰為準？要怎麼判斷大眾的動向，是看成交量或未平倉量，還是賣權／買權比？賣權相對買權溢價？消費者信心？零股拋空數量？或者投資顧問的多空指數和意見調查？況且，跟大家唱反調也未必見效，有時候「跟群眾對作」，只會讓你慘遭淘汰出局。

　　還有一句也是歷史悠久的金句：「不要因為希望或恐懼而做交易，也不要做出情緒性的決策。」這話聽起來很簡單，但各位在本書稍後就會知道，對市場參與者而言，情緒反應（特別是希望和恐懼）會帶來許多矛盾狀況。

▍造成虧損的心理因素

　　這本書不是要教各位怎麼面對自己的恐懼，或怎麼「感知你的情緒和感受」。各位在參與市場和內在心理需求之間是否有所落差，本書也不會試著幫助調解。我不會提供一系列測試給各位，讓你明白自身的心理狀況或內在衝突。我也不會提供什麼測試，讓你決定自己是否應該進市場做買賣。我不是個心理學家，我也不打算假裝自己是。但我不必是個心理學家也知道，在一開始做交易時，要是讓「自我意識」過度涉入，把市場跟個人混為一談，那麼這些心理因素很可能就會造成虧損。探究造成原因，是預防的第一步。如果我們知道市場倉位是如何主觀化（也就是自我意識滲透其中），我們就能想辦法防止，也能預防心理因素造成的虧損。

　　本書有些想法聽起來也許模稜兩可，這些混亂語義要為思考上的困惑負起大部分責任，而這些困惑最後將導致心理因素的虧損。要釐清那樣的混亂，就是用詞、用語必須清晰、精確。現在，我們就先給「心理」下個定義，看看我們

在討論市場時，該如何應用這個詞彙。

根據《美國傳統英語字典》（*American Heritage Dictionary*），「psychology」意指：心理過程的研究；行為特徵；個人或群體的情感狀況。因為我們感興趣的是因心理因素而造成的損失，我們會從不同類型的虧損角度，探討這三項定義。因此本書第二部，就是要探討在市場上賠錢的心理過程、行為特徵和情緒反應。

1. 心理過程

第六章將說明市場倉位，尤其是在虧損時，滲入自我意識的過程；揭示外部的客觀虧損，及心理因素所造成的主觀虧損之差異；接著，檢視個人心理因素導致內在虧損的過程：否認、憤怒、討價還價、沮喪，到最後只能接受的心理過程。大多數人會把虧損與「錯誤」等而視之，因而使得原本客觀的外部虧損被個人意識所內化。然後，他們開始體驗到「內在虧損五階段」（Five Stages of Internal Loss），而在這些階段中，虧損也逐漸擴大。最後，本章要區分個別事件（如比賽）和連續過程（如市場）的虧損，唯有後者才會出現五階段演化。

2. 行為特徵

第七章討論市場倉位自我意識化最常見的方式，並介紹

五種市場參與者的類型：投資人、交易員、投機客、簽賭者
和十足的賭徒。這五種類型的差別不在於他們從事的活動，
而是根據行為特徵的表現。換句話說，同樣都是買股票，但
有的是投資，有的卻不是，就好比玩牌不一定就是在賭博。
本章還會表明，從行為特徵和持續進行風險活動來看，市場
虧損大都源自簽賭者和賭徒。

3. 個人或群體情緒

　　第八章指出，情緒就是情緒，既不好也不壞。情緒本身
是無法避免的，但情緒化可以、也應該避免。情緒化是根據
情感起伏來做決策，而最容易做出情緒化決策的，就是群
眾。本章說明，從行動中可看出群眾即是情緒的縮影，但我
們不是要從常見的民意對立或市場失控的角度來看，而是針
對群體影響單獨個體的過程。個人在群體中，並非只是數量
上的意義，而是會展現出各種相應的行為。我們也會檢視個
人受群眾心理影響的兩種模式。

6

—— 第六章 ——
虧損的心理動態

我現在不能棄守，因為已經虧太多了。

—— 賠錢者最常說的話

1983 年 10 月中旬，黃豆油倉位正讓我焦頭爛額的時候，我接到媽媽的電話：「你爸正在醫院準備動手術檢查癌症。他們說沒什麼問題，沒什麼大不了的，不過他們說還是要檢查一下。」隔天手術後，她又打電話來說，癌細胞已經蔓延到我爸身體各部分，只剩六個月。醫師幫他做了終端大腸造口（end colostomy），也要他馬上進行放射線化療。

兩個月後我接到爸爸的電話：「你媽不見了，不知道跑哪去。她昨晚出去到現在還沒有回家。」後來才知道，我媽自殺了。她跳進俄亥俄河，溺水而死。唯一的好消息是，她根本不曉得我破產了，因此原因不是我。她尋短是因為父親

病況嚴重，就快死了，她不能接受。如果她是因為我才尋
短，我想我也撐不下去。但他們並不曉得我也是狀況淒慘，
只是外表看不出來，我們一家還是住在原來的房子，只是沒
做原本的工作。他們知道我換了工作，但不曉得原因。

　　那個時候我爸住在療養院，請了一位全職護士照顧。每
個周末，我跟弟弟輪流去看他，我看著他慢慢走向死亡。最
後，他在 1984 年 8 月過世。

　　因此，從 1983 年 8 月到 1984 年 8 月，我賠光所有錢
又負債 40 萬美元，又失去交易所會員資格、失去工作、失
去董事席位和執行委員資格，最後也失去雙親。我失去所有
對我很重要的一切，除了太太和孩子。那真是非常糟糕的
十二個月。

　　我說起這些事，不是想博取各位同情，而想藉此表達我
對虧損本質的重要觀察。我在市場上的虧損，跟個人生活上
的損失並不一樣。我在拉斯維加斯賭輸錢，跟市場上的虧損
也不同。這些損失跟我失去雙親不一樣，也跟我失去交易所
董事席位不同。

　　大家可能都曉得，不管做什麼生意，總是會有損失發
生。燈泡製造商知道，每 300 個燈泡總會破 2 個。水果經銷
商知道，每 100 顆蘋果裡總會有 2 顆爛掉。這樣的損失不會

造成困擾，但若是意料之外的損失，那就嚴重了。知道做生意一定會有損失，跟在市場上認賠、承認虧損，完全不可同日而語。市場上的人通常很難主動認賠（相對於水果販、燈泡商則是被動接受，也就是接受並控制虧損，才不會拖累整個買賣活動）。這是因為損失總是被看成「失敗」，在生活中其他任何領域裡都一樣，損失都帶有負面意涵。我們往往把損失等同錯誤、不好和失敗；將勝利視為正確、美善和成功。比方說，在學校的考試答錯了，就會失分。同樣地，我們在市場上賠了錢，也會認為自己是做錯了才會如此。

在《美國傳統英語字典》中，「lose」的意思是：一、因為死亡而被剝奪；二、未能取勝（即輸掉比賽，或者被擊敗）。我們說「輸了」大都是指比賽輸了，但不知道怎麼搞的，輸／贏、對／錯最後也跟賺錢／賠錢混為一談。然而參加比賽輸了，未必是因為你做錯什麼，也許只是純粹被擊敗而已。要是你沒參加比賽，只是個旁觀者，卻還是輸了，那你一定是對於比賽結果投注（或者表達自己對比賽結果的預測），那麼對於這場比賽你也許是賠了錢（或預測錯誤），但你並沒有被擊敗。

外部損失與內在損失

「損失」，有許多不同的類型。廣泛來說，掉了鑰匙是

失去，遊戲或比賽輸了也是失去，包括金錢、理智、自尊、自我控制、父母親、賭注和工作等，也都可能失去或輸掉。但總而言之，「損失」可以分為兩類：一、**內在**，例如：自我控制、尊嚴、愛、理智；以及，二、**外部**，例如：賭注、遊戲或比賽、金錢。外部損失是客觀的，內在損失是主觀的。也就是說，外部損失並非是主觀認定或個人詮釋，它是一個客觀事實；而內在損失則是由個人（即主體）經驗來界定。換句話說，要是一項虧損對你、我或任何人來說都一樣，這是客觀損失；要是這項虧損讓每個人的感受都不同，純粹是以個人經驗來界定，那就是主觀損失。

比方說，每天都有幾萬人過世，但不是每個人都會讓我們有「痛失」感，除了少數親友和與個人相關者（也就是內在和情感上的關聯）。這種損失是內在損失，源自個人經驗的感受和反應；它是主觀的，而且只能透過個人來經歷。至於肯塔基州大輸了一場籃球比賽，不管對球員或觀眾來說，都是一個外部客觀事實。對這兩者來說，事件本身都是外在的。看了球賽的人都可告訴你哪隊輸了，而且任何人看了球賽，也都知道是哪隊輸了。這個客觀損失，不會因你的感受或反應而改變，也不會因誰的評價就有什麼不同。這個事實不受評價所影響，只能被接受。不過對於剛剛提到的球員或觀眾而言，若將球隊的成敗跟自己的尊嚴聯繫在一起，那麼這個外部損失就會被個人感受所取代，進一步內在化。

　　我們常把損失、錯誤、不好、失敗看成同一件事，因此「損失」在日常用語中被視為有負面含意，也就不足為奇。但是在交易市場上，虧損應被看作是之前提過的燈泡或爛蘋果，都只是業務的一部分，必須淡定處之。虧損不見得是錯誤，損失也未必是壞事。就算是一個很好的決策，也可能會產生虧損。同樣地，只是根據小道消息做買賣而賺到錢，反倒是件不好的事，因為你可能因此更加依賴那些不可靠的訊息（比方說，密報者可能帶來不正確訊息，或沒跟你說清楚何時該下車）。

　　市場虧損原該是外部且客觀的損失，唯有你把個人情緒帶進來，它才會變成主觀。當自我過度涉入，讓你用一種負面方式來看待時，這個虧損就成為一項失敗，是一件不好的事、是個錯誤。我們的心理因素跟自我都有關係，**要是在決策過程中能排除自我意識作祟，就能開始控制這種因心理因素所造成的虧損。**要防止市場虧損轉化為內在損失，就要先搞清楚這種情況是怎麼發生的，然後才能避免。

將市場虧損轉化為內在損失

　　了解外部虧損轉化為內在損失的關鍵，是要先分辨**事實**和**意見**的細微差別。根據《美國傳統英語字典》的定義，「a fact」（一件事實）是指已獲客觀證實的事物。事實沒什麼

對、錯，事實就只是事實而已。而「意見」是一種個人的評估和盤算，意見的對錯則取決於是否符合事實。所以，有對、錯之分的是「意見」，「事實」沒有。對於業務經營和市場交易來說，用「對」「錯」來形容是不合適的，也不該說是「贏」或「輸」。進市場做買賣無關對錯或輸贏，而是**你怎麼做決策**。

決策是謹慎考慮、求取結論的過程，也就是在幾個不同方案之間下判斷、做抉擇，因為在決策進行的當下，事實還沒發生、也不可能發生，必須仰賴日後諸多事件的揭示才會逐漸成形。因此，決策不是在對跟錯之間做選擇。等塵埃落定再回頭來看，決策容有優劣，還是沒所謂的對錯。在交易市場裡，只有表達出來的意見才有對錯，而市場倉位也只是可獲利跟不能獲利，僅此而已。但由於前面說過的語義混淆，很容易把在市場上賠錢看成是個錯誤。如此一來，你把那個跟金錢有關的決策（外部），看成是自己的名譽和尊嚴（內在）。這就是自我意識介入交易倉位，開始以個人情緒看待市場，於是虧損也從客觀存在變成主觀認定。這就不再只是損失一筆金錢而已，而是一種個人的內在損失（就像是你哪個朋友搭飛機失事一樣）。有個市場倉位情緒化的例子是，**很多人常會把賺錢的倉位出清，而賠錢的倉位卻死抱不放，這是因為他們把賺錢和賠錢看成是自我智力或自我價值的表現，要是認賠就覺得是自己愚蠢或犯錯。這就是混淆了**

金錢價值和自我價值。

　　用「對」「錯」來形容市場倉位或交易，可分為三種狀況：一、這是一種意見表達，也是我們都能做的；二、代表市場倉位和交易活動已經被個人情緒化；還有，三、任何虧損（或成功）都會被內在化。還記得一天賺24萬8000美元時，我怎麼說的嗎？「我」為自己和別人賺了那麼多錢，「我」好聰明。我當時並不知道，但那時候「我」所做的，就是把市場倉位內在化。

內在虧損五階段

　　雖說把市場虧損和人命死亡做比較，看起來會有點奇怪，通常我們也不會覺得市場虧損等同生死大事（不過經歷那種大賠150萬美元的慘況，還真的讓人想一走了之）。但是經歷市場虧損，跟人在面對死亡時的心理過程竟是驚人地相似。我父親病危時，有位朋友送我一本討論絕症病人的書，叫《死亡與臨終》（*On Death and Dying*），作者是伊莉莎白‧庫伯勒－羅斯。她採訪過兩百位絕症病人，確立病人在得知病情之後的五個心理階段。我們在很多人面對個人重大不幸事件時，如配偶或孩子過世時，也都會看到相同的五個階段。我認為虧損內在化的過程也與此相似。而本書既是討論市場交易，我姑且就稱之為「內在虧損五階段」。以下

扼要介紹每個階段，並參照我個人在黃豆油交易時出現的相
同特徵。

1. 否定

聽到自己身患絕症，病人的即刻反應是：「不，我沒有。
不可能。」有些病人還會「貨比三家」尋求更多醫師的診斷，
希望找到別的意見來安慰自己。他們刻意忽略那些跟原來一
樣的診斷，而強調比較樂觀的意見。

1983 年 9 月到 10 月間黃豆油逐步低挫時，我的反應也
是如此。那時我正在賠錢，卻一味地否認行情已經反轉。我
只是覺得很火大，以為這本該是讓我獲利千萬的好買賣，記
得嗎？10 月時我的虧損已經到了賠掉本錢的地步，但我甚
至都不曉得自己賠了多少。這就是個人情緒化的否定。要是
你賺錢時一文一毛都算得清清楚楚，卻不願或不敢坐下來算
清自己賠掉多少，那麼你就是在否認虧損。我當時也會去問
別的交易員對行情的看法，這也是「貨比三家」、病急亂投
醫。而且，當然，那些看漲的意見我才聽，看跌的就自動忽
略。

2. 憤怒

當事情再也否認不了時，代之而起的是生氣（憤怒、忌
妒、怨恨）。怒氣擴散至四面八方（如：護士、家人、醫生、

治療），隨機投射到任何情境。我對挫折鬱積的怒氣，主要就是發洩在家人身上。有一陣子蓓特跟孩子們看到我，像看見瘟神似的。

3.討價還價

在無法面對現實的第一階段和怨天尤人的第二階段後，病人會想要透過某種妥協來延緩必然的結果：「如果上帝決定把我從這個地球帶走，而且不願回應我的憤怒，也許他是要我好好地請求。」1983 年 9 月，我跟自己約定，只要行情反彈回升到 8 月底的水準，我就會平倉離場。到了 11 月，我只求不會賠本就好，希望自己可以回到之前沒做黃豆油交易的時候。

4.沮喪

沮喪憂鬱是種複雜的心理失調障礙，對之長篇大論恐逾越本書範疇。但一般來說，揮之不去的悲傷情緒、疏離自我和親人、飲食和睡眠習慣的改變、欠缺活力、注意力不集中、優柔寡斷和拒絕聽從建議等，都是沮喪憂鬱的徵狀。我當時沒去就醫，所以不知自己是否真的罹患憂鬱症，但 1983 年那個秋季，我的確有許多類似徵狀。黃豆油倉位讓我精疲力竭，睡不著、吃不下，四個禮拜就瘦了 15 磅，對過去喜歡的事情全都興趣缺缺。我時時刻刻都覺得非常疲

倦，無法專注工作，更不願聽從那些叫我趕快認賠出場的意見。

5.接受

最後，病人會屈服於必然的結果。在這個階段中，溝通比較不依賴語言。庫伯勒－羅斯指出，「接受」幾乎是不帶任何情緒，只看到屈服和放棄。有些病人會戰鬥到最後一刻，始終抱持希望，幾乎不可能到達接受的階段。越是努力躲避必然的死亡、越想去否定它，就越難抵達最後這個階段。可是誰也躲不掉啊，最後還是會到來。同樣地，交易員最後也要面對無法逃避的現實，「接受」虧損。可能是自己「覺悟」了才自己認賠出場，或者是旁人迫使他不得不出清倉位。以我的狀況來說是後者。如果不是旁人逼迫，我絕對不會接受，認賠出場。

絕症病人在歷經各個階段時，往往還是會抱著希望。即使是最認命的病人都會盼望著一絲希望，也許是發現新藥物或新療法，或者期待著什麼新研究在最後一刻成功。他們對那些帶來希望的醫師抱持無限信心，儘管聽到壞消息還是會從中找尋希望。我跟別的交易員交換意見時，往往只注意那些跟我的倉位有關的有利訊息。

內在虧損五階段和市場參與者

當市場倉位內在化而出現虧損時，交易員就不知該如何是好（就像絕症患者聽到惡耗之後手足無措），然後就會進入內在虧損的五階段。他會否認這是個損失（「不可能！市場怎麼會跌成這樣？你沒看錯嗎？」），認為這套交易猶然有利可圖，只是還沒步上正軌。他會對經紀人生氣、對老婆發火、怨天尤人地咒罵市場，然後開始跟老天爺或市場討價還價，只要行情回升不讓他賠本，他一定馬上平倉離場。接著，對賠錢的倉位感到沮喪抑鬱。最後，就該認命了，可能是自己清醒過來，也許是終於聽從分析師的建議賣出，或是號子幫他斷頭強迫平倉。

市場參與者並不一定會按照順序抵達「接受」階段，有些人可能在行情短暫回升之際獲得緩解，一再地跳回「否定」階段。市場稍見反彈，他就認為行情終於反轉了；等到行情再次滑落，他也再度陷於「否定」，然後感到「憤怒」，如此循環往復。每次短暫回升，都讓他一再重覆這些階段，而過程中虧損也越來越大。

就算是倉位仍然賺錢時，交易員或投資人也可能經歷這五個階段。比方說，市場倉位雖然還是賺錢，但已經賺得沒以前多。這種狀況出現時，投資人可能還是念念不忘之前的高價，那時這個倉位的獲利最多。他會否認行情已經結束，

當市場屢現賣壓時，他的反應是生氣、憤怒。然後不知道是
跟誰討價還價，發誓說只要行情再回到高點，一定馬上獲利
了結。接著，他會因為沒有及時脫身而感到沮喪憂鬱，猶豫
遲疑，甚至拖到賺錢的倉位反而出現虧損。於是乎又回到否
定階段、怨天尤人等，陷入惡性循環，導致虧損一再擴大。

　　我的黃豆油交易就是這樣。每次市場反彈，我就鬆了一
口氣，以為跌勢已經停了。挨過每段下跌之後，我彷彿才剛
進入市場，倉位才剛建立，以為自己會從新角度、新標準來
檢視、判斷市場行情。

▍個別事件與連續過程

　　從本章前述可知，有些人真的會把外部損失內向化，球
員和觀眾都可能把球賽結果視之為個人尊嚴或成敗在此一
舉，因此把原本應屬外部的損失，內化為心理情緒。但要對
一場籃球賽的結果經歷否定、憤怒、討價還價、沮喪和接受
等各個階段，雖不能說是不可能，但還是比較難想像。為什
麼呢？因為球賽是個別事件，有明確的結束點。至於另一種
沒有明確結束點的活動所造成的損失，要把它從外部轉而內
在心理化，就容易多了。這是因為連續過程中所產生的損
失，跟任何內在損失一樣，沒有預定的結束點，因此也就容
易內化。

　　在這個連續過程中，參與者必須不斷地做決策，而這些決定都會影響到賺、賠。反之，個別事件（如一場足球賽、賭輪盤、21 點或其他賭場遊戲）都有明確結局，這正是外部損失的特徵。個別事件造成的損失很明確，不能讓你任意解讀。要是我賭肯塔基大學籃球隊贏球，但該隊卻輸掉比賽，那我就是賭輸了，這是個別事件造成的外部損失，沒什麼可說嘴爭辯的。或者，我賭輪盤押黑色數字 21，球卻落在紅色數字 17，那我就是輸了，沒什麼可說的。

　　交易市場則屬連續過程的範疇，因為市場倉位並未設置預定的結束點。當然市場每天都有確定的開、收盤時間，但市場倉位並不因此而消失，實際上是可以永遠持續下去的。儘管市場虧損應該是外部損失（錢本是身外之物，並非我們的內在），但因為它是連續過程的結果，所以也就容易被情緒內化。因為在連續過程中，市場倉位沒有明確的結束點，既不知何時、也不知道會在什麼狀況下結束。這種對於未來的不確定，很容易觸發內部損失的五個階段，意即這個損失會逐漸被個人內化和主觀看待。因為在市場中虧錢是個連續過程，沒人逼你承認它是個損失。在這裡就只有你和你的錢，而市場則變成一個默不作聲的小偷。只要你不認賠出場，你可以自欺欺人地以為那個倉位會賺錢，只是還沒步上正軌而已。那個倉位可能正在賠錢，但你會告訴自己，還沒賣掉就不算賠錢。投資股票的人尤其會有這種想法，因為你

真的擁有那些股票，又不必應付什麼保證金催繳，就更沒人
逼你承認這是個損失。

　　我們用一個例子，來說明個別事件與連續過程的差異。
如果賽馬在比賽中途會先暫停，再次開放窗口讓你投注，你
是會賠掉更多錢，或賠比較少呢？也就是說你會有兩個選
擇：一、留著原來的投注不變；二、你可以再下注押另一匹
馬。在比賽之前你參考賽馬資料，說：「好吧，四號真是匹
好馬，可是賠率只有 3 比 2（意即押 2 元賠 3 元），我不賭
這種大熱門，因為報酬太低了。我覺得七號馬很不錯，牠的
賠率是 5 比 3；九號馬也還可以，但賠率 7 比 1。所以我押
九號馬。」比賽到一半時，誰領先？七號。要是此時比賽暫
停，重新開放下注，你會怎麼做？你會說：「我就知道！我
一開始就喜歡七號，我應該押七號的。」於是你又去押注，
賭七號贏。結果呢？最後四號贏了。而交易市場就是從來都
不關閉投注窗口，你可以不斷下決策、不斷加碼押注。

　　以前幫傑克・沙門管理克里夫蘭辦公室時，我也曾有過
把外部損失內在心理化的經驗。有一次，我有好多位客戶要
放空木材市場。他們都是現貨木材的避險大戶，對市場熟得
不得了。他們分析說市場已經超漲，馬上就要下跌，跟我的

看法一致，所以我們就放空了。然後呢，市場大漲，開盤就漲停，且連續四天漲停板。期貨市場中根本沒人買賣，所以我們的空單也補不回來。直到第五天才又有人買賣，但我們還是不出場，想等著看市場會不會開始回跌。結果還是沒有。又過了幾天，盤中雖然頗見交投，但收盤還是漲停，我們只好全部認賠出場。老天啊！真是太可怕了，整個辦公室的資金蒸發了九成。

我打電話向聖路易的傑克‧沙門報告：「嘿！我剛把辦公室毀了。錢都賠光了，也沒業務好做。全完蛋啦，都被我毀了。」

「是怎麼啦？」

「我們放空木材，結果市場一直漲，而且……」

「喔，誰說要放空的？」

「客戶啊，可是……」

「那好吧，有幾個客戶控告我們？」

「沒人控告我們。他們都是好人，不會去控告誰的。可是……」

「我們有負債嗎？」

「我們沒有任何負債！可是你沒聽懂嗎？我們把錢賠光了！」

「別急啦，你聽聽看，我這樣說對不對。沒人控告我們、沒負債，也沒有客戶不滿。」

「對。」

「喔，那只代表你還要繼續努力嘛，小子。你還要再多打電話找客戶。這都是業務的一部分啊，交易就是這樣嘛。有時會賭錯邊，賠個精光。然後經紀人就要決定，『你還想不想留在交易市場？』不想做了？那就滾吧！要留下來？那沒問題，就繼續做啊。」

我不但沒看清虧損只是交易的一部分，甚至還把別人的虧損自我內在化。我當時要是能了解這些道理就好了⋯⋯

7

—— 第七章 ——
關於風險的心理偏誤

以為自己是在投資的，大多數是在投機；以為自己投機
的，大多數是在賭博。　　　　　　　　　　——無名氏

1981 年夏季的某天，我跟夥伴賴瑞·波德里克和一位
我們最好的客戶康拉德·皮奈特一起去拉斯維加斯。皮奈特
是法裔加拿大人，在一家很大的木材公司擔任經理。他很有
錢，百家樂（baccarat）賭很大。我們到拉斯維加斯住希爾
頓酒店，也是因為他喜歡。我跟賴瑞是第一次進拉斯維加斯
的希爾頓，酒店員工根本不曉得我們倆是哪棵蔥，但他們都
認識康拉德。他是個大戶，所以大家都很喜歡他。他們在拉
斯維加斯最喜歡的就是愛賭的人，而康拉德就很愛賭。

康拉德跟我們在酒店大廳碰面，第一句話就問：「你們
倆想玩多大？」我說：「我不知道。」「那麼，我幫你們設定

1 萬，如何？」「1 萬？美元嗎？」我可不想輸掉 1 萬美元啊。「哎呀，反正我們會幫你訂個額度。別擔心。」所以等我進了賭場，在一張紙上簽個名，他們就給我 2、3000 美元的籌碼。簽名就有籌碼耶，「哇，真酷！」我心想，好像自己有沒有那筆錢都沒關係。

康拉德想先「暖身」一下再去玩百家樂。他的暖身是玩至少 50 美元一局的 21 點。一局的時間，我當場內交易員大概可以做 20、30 或 40 口的買賣，賺賠可達 1000、3000 甚至 5000 美元。

那才是大錢啊。所以一局 50 美元的 21 點也算還好啦。可是等我坐上賭桌，那 50 美元看來像是大得不得了。我腦裡一直在想：「我就這樣 50 美元、50 美元一直賭，是在幹嘛？神經病嘛！」但我們是在應酬客戶，賴瑞跟我都希望他玩得爽快。結果半小時的暖身我就輸了 500 美元，我說：「呃，不太妙……這個不好玩。我暖身也暖夠了，咱們去玩百家樂吧。」

百家樂就不同了，十五世紀以來這就是法國和義大利有錢人的遊戲。1981 年我也是個有錢人，所以我也想玩。在賭場裡，百家樂攤位都設在邊角，用紅絨繩圍起來，得特別解開才能進去玩。這裡可是大戶在玩的，平常的阿貓阿狗只能擲擲骰子、賭賭輪盤。而大戶們坐在這些華麗氣派的桌子旁，有辣妹特別服侍，想喝什麼就有什麼。百家樂賭桌上提

供名牌酒品，我喜歡！

　　紅絨繩的旁邊有個小伙子跟我們打招呼：「皮奈特先生、保羅先生、波德里克先生，歡迎各位，很榮幸賞光前來！」我們坐下來，又簽了小紙片，那位先生馬上推了一大堆籌碼到我們桌前。我以前沒玩過百家樂，但在描寫虛構的英國特務詹姆斯・龐德事蹟的小說《金手指》（*Goldfinger*）上讀過。玩百家樂，實際上只需決定要押誰（莊家、閒家或和牌），還有押多大。玩21點，除了決定賭多大之外，你還要做選擇，例如要不要再叫牌。但百家樂的牌沒得選，其玩法已經幫玩家做了所有決策，這完全就是機率遊戲。荷官發牌給雙方（莊家與閒家），至於要不要發第三張牌，完全依照規則。比賽以牌點加總達9點最大（10、J、Q、K都算零），而荷官會要求所有押注的賭客，遵守死板的規則。

　　百家樂賭客的策略類似市場中的交易員，都要尋找趨勢。賭客會拿到一張記分卡，卡上分列「莊家」「閒家」與「和牌」三個直欄。每局結束後，賭客會把結果登記在記分卡上，在贏的那格畫個「X」。大家都在等莊家或閒家連贏的情況，比方說莊家三連勝，那麼大家第四局就會繼續押莊家。康拉德一直向我們說這些，大多數我也不是很明白，不過他在這裡可是大戶，所以應該是真的很懂吧。

　　於是我就押最低注25美元，玩起「等待連贏」的遊戲。結果我等著、等著，就輸了大概2000美元。這時我已經覺

得很無聊，而且也相當火大。2000 美元可不少啊！我腦海裡想到的用 2000 美元可換到的東西就不少，比方說買兩雙高檔的盧凱塞（Lucchese）牛仔靴或一管新獵槍。

後來到了凌晨 3 點左右，來了個新荷官，連發牌筒也換了。新牌筒的頭兩局都是閒家贏，康拉德看著我們說：「兄弟們！我有感覺了，就是這個！會有一次連贏。」於是他把賭注加倍（每次押 1、200 美元），我還是押 25 美元，但都押閒家。閒家果然贏了第三局。接著我押 50 美元，閒家又贏了。然後我押 100 美元，閒家再贏！結果閒家連贏 16 局。幸運的是，大概在第 10 或第 11 局開始，我們把一些錢收起來，也減少押注。最後康拉德賺了約 4 萬美元，波德里克和我都賺了 7000 美元左右。

在拉斯維加斯的凌晨 4 點，我們突然有了這麼多錢，真是天上掉下來的！在拉斯維加斯突然得到這麼多你不需要、你根本沒想到，也不管明天還在不在的錢，可是會惹上許多麻煩的。

生命中充滿風險。過馬路有風險，開車有風險，結婚有風險，生小孩也有風險。不消說，創業和做生意有風險，參與市場交易也有風險。風險的定義是遭受損失的可能性（如果損失發生的可能性能用數字表示，稱為「機率」）。生命中

沒什麼事是保證成功的，或一定會照你的意思來走。我們感興趣的風險，當然是在金融方面，金錢虧損的風險。

　　大多數人不知道自己做的是投資、投機還是賭博，在沒經過適當訓練的人看來，這些活動都很類似。回想我的拉斯維加斯之旅，我發現賭場和交易號子之間的相似性：業務員就是主持賭博的荷官，業務員抽佣等同賭場分紅，看盤室當然就是賭場本身，而證交所和報價機則是開寶和投注設備。然而市場和賭博的類似，僅在於兩者都跟可能性和金錢損失有關係。從法律上看來自是有異，從經濟意義而言也大不相同。最大的區別是：賭博活動自行創造風險，而投資／投機則是承擔及管理本已存在的風險。

▍本來就有的風險

　　既有風險是自然出現的，不管是有組織或無組織的市場中都會有。管理大師彼得・杜拉克稱說「這種風險，與現有資源投諸未來預期同時出現」。無組織市場就是我們作為一般消費者，在平常生活中去的那種市場，如：百貨商場、雜貨店和加油站。生產者在提供財貨予消費者的同時，要承擔相關的財務風險。而有組織的市場，是指集中式的交易所，包括股票、債券、外匯、選擇權與期貨的櫃台市場。

▍自己創造出來的風險

自創風險是人為產生的潛在金錢損失，這是你自找的，否則不會發生。它不是伴隨著某項活動而自然衍生，事實上轉輪盤、足球比賽或跑馬競賽本身並不衍生金錢損失。

一般而言，既有風險和自創風險固然有其分別，但深入檢視後會發現，當我們涉入其中時，這個區別不在於活動本身，而是進行活動時的某些特徵。

以下將說明五項活動，及其活動特徵。

一、投資，有兩個要項：你希望安全無虞的本金和適當的報酬，如股利、股息、利率或租金。由於資本的報酬是在某期限支付利息或股利、股息，投資活動也必須持續一段較長時間。因此，投資通常具備相對較長的時間跨度。退休基金投資股票可能是準備無限期持有，或購買債券之後一直持有至到期日。

二、交易，基本上就是某人針對特定金融工具，創造出一個市場。從這個市場中，交易員想獲取的是買賣價差。證券交易所中的個股交易員（specialist）就是個好例子，他會撮合買、賣單，維持市場秩序，願意接受特定報價買進或賣出。在期貨及選擇權交易所的交易員，也是透過接受買賣報價來拉攏雙方形成一個市場。股票和債券櫃檯市場的交易員

也都一樣做這些事。就其最基本的定義而言,交易活動即是創造市場。本質上,交易員應該看法持平(既不看多也不看空),經由買、賣間的價差來賺錢。就此而言,我在木材和歐洲美元交易場的朋友史都・金寶就是秉持機械式交易方法的完美交易員。

三、投機,最簡單來說,投機的買進是為了轉售,買進大宗商品不是為了使用;買進其他金融工具不是想獲取其衍生利益。進行投機活動時,我們對於本金的要求是希望它會增長。本金的增長就是投機客的唯一「報酬」,他並不要求特定期限派發的股利、股息或利息。「speculation」(投機)這個字源於拉丁文「specere」,意思是「觀看」。「speculating」同時有「預見」(vision)、「感知」(perception)和「理智檢視」(intellectual examination)等意思。

四、簽賭、投注,是兩造針對某個不確定事件提出自己的預測,猜錯方必須將約定財物讓給猜對者,所以簽賭投注就是看對錯來定輸贏。比方說,有人會針對選擇或球賽結果簽賭投注,但他們打賭某人或某球隊會贏,常常不是因為那個人或球隊可能會贏,而是反映投注者的盼望。對於籃球比賽的結果,我一向賭肯塔基隊會贏。要是我考慮到什麼比數差點之類的資訊,那就是投機臆測。如果我是組頭,同時接受正反雙方的簽賭,並努力保持投注雙方的平衡,以賺取佣金,就會像是對行情不抱持多空看法,同時接受買、賣雙方

報價的交易員，從價差賺取利潤。

　　五、賭博，是簽賭的衍生物。賭博是以金錢押注遊戲、比賽或事件結果，或是以金錢或其他財物進行跟運氣有關的遊戲。賭博通常涉及跟機會有關的遊戲或比賽，有時也同時包含技巧和運氣。儘管一般認為賭博有違善良風俗，但也可算是一種娛樂。沉迷賭博當然傷財又傷身，但沉迷於任何事物恐怕也是如此。賭博的人可能贏錢，但那個賭的樂趣或娛樂性也不會因沒贏錢而被剝奪。在賭場輸掉幾百美元的人，知道那些錢就好像是支付娛樂費，也覺得值得，他們在參與的過程中體驗到行動力和刺激。

▍行為特徵，決定你在從事什麼活動

　　不要以為你參與市場活動，就必定是在投資、交易或投機。市場本身不會讓你免疫於簽賭甚至是賭博。要決定你所做的是上述五種活動中的哪種，取決於你表現出來的**行為特徵**。是在從事賭博、投資或交易，並不是由活動本身（如：打牌、買股票或交易期貨）決定，而是要看我們如何進行這些活動。並非打牌就是賭博，買股票也未必就是投資，而期貨買賣也未必都是交易。

　　賭博和簽賭常常是跟比賽或遊戲有關，如：賭場遊戲、體育競賽、賽馬、吃角子老虎、賓果遊戲等。簽賭者和賭客

可以是從事遊戲或進行比賽的參與者，也可以只是個觀眾，但最顯著的特徵在於簽賭者期待自己猜對、押對的滿足感，而賭客也很享受猜測的樂趣。

簽賭者感興趣的是證實自己正確。他的自我徬徨不安，也許出於他是某個球隊的鐵桿粉絲，或鍾情於某個市場倉位，或是自傲於某種看法。市場分析師也常掉進這個陷阱裡，在對行情方向或某檔股票的價格表達特定看法後，就很難、甚至不可能放棄既定觀點。這時候的分析師不希望自己是錯的，不想讓別人以為自己很蠢，那麼此時他就等於是在簽賭。

賭博最直接的目的是為了娛樂，享受簽賭時的興奮感。藉由賭博來逃避平常生活中的單調與無聊，滿足渴望刺激（如腎上腺素增加、血壓升高）的欲望，以興奮、激動取代日常生活中痛苦的無聊。賭博的明顯特徵是涉及一些未知事件，純粹只是在碰運氣。金錢就是玩這場遊戲的門票，因此輸贏不是很重要。賭博求的是興奮感，簽賭看重的是自己的對錯，而投資、交易和投機則是為了錢。賭博時想贏錢，是因為你要玩場遊戲、想繼續賭下去，就需要錢。此時，金錢的唯一好處就是可以拿來賭。

一般所見的賭博活動所提供的滿足感，跟其他遊戲也沒兩樣。賭客注重的不是玩什麼，而是在於「玩」本身，什麼賠率、勝算、期望值，根本都無關緊要。在撲克牌桌上，總

會看到有些人每局都玩，雖然手上還欠一張好牌可以搭成順子，但機率再好也只有十二分之一，有時所需的牌已經在其他玩家手上，勝算更低，但賭博的人才不管這些不利狀況，照樣勇往直前。我跟瑞賴在拉斯維加斯陪著康拉德時，看到許多賭客在輪盤桌上拋擲大把金錢，但他們一點也不在乎，只要好玩、有趣又感到興奮，錢不是問題。

　　各位必須明白，並非所有參與賭博遊戲的人都是賭客。所謂的「職業賭徒」，也是以賺錢為目的，在押注時的細心、專注且嚴守紀律，跟一般賭客完全不同。他們有其系統化的押注方法，通常只有在罕見且非常有利的狀況下才會出手。職業賭徒嚴格地控制自己的行為，對於所選擇的賭戲通常研究得非常透澈，才會有如此表現。他們會挑選技術能提高勝算的遊戲，如21點和同注分彩（parimutuel betting）的遊戲；他們精於算計風險，就像在股票市場中進行套利。他們都是靠預測能力對付不確定結果，以謀取利益，換句話說這就是投機。從他們靠賭賺錢的特徵來看，職業賭徒就是投機客，他們跟一般賭客不同，不是為尋求消遣娛樂，也不是想證明自己對，而是想要賺錢。

　　愛德華・索普是《打敗莊家》（*Beat the Dealer*）這本書的作者，他是個數學教授，利用高速電腦設計出一套很有效的牌點計算系統。後來他在拉斯維加斯玩21點贏了很多錢，逼得賭場協會因此改變遊戲規則。雖然索普是在打牌，

但他不是在賭博，而是個專業的投機客。或者也可以想想
《商業周刊》（*Business Weekly*）有篇報導，說某個企業家
開設一家小型企業，公開上市後賺了 2000 萬美元，他又轉
而開設另一家企業，結果卻賠光了。他說：「賭博和創業之
間，存在著相當緊張的關係。」他誤將創業和賭博混為一談。
這位先生不是在企業經營上投機，而是在賭博。既然是賭
博，那麼瓦罐自是不離井邊破。他把所有資金押在那家企業
上，就像我在黃豆油交易上投注太多。要是有人熱中於追求
創業冒險，或是在金融市場上尋求刺激，那麼不管他對結果
有多大的控制程度，都是在賭博。

　　如果你能在賭場中找到投機客，那麼股市或期貨市場中
的客戶、經紀人或分析師裡，其實也有人是在賭博或簽賭。
之所以這麼說，是根據他們如何參與市場而定。他們表現出
簽賭或賭博的特徵嗎？如果是的話，不管他們以為自己在做
什麼，或說自己在做什麼，其實都是在簽賭或賭博。

▌ 危險的結合

　　正如本章開頭引言所示，大多數人都不曉得自己承擔的
風險是本來就會有，或是自己創造出來的。再加上無法明辨
前一章最後所談的個別事件或連續過程產生的虧損，那就只
好等著大難遲早臨頭。各位可以回想一下，就個別事件如賭

博或簽賭而言,這些冒險活動都有明確結束點,而既有風險的活動則是連續過程,沒有預定的終點。比方說,經營企業讓你持續暴露在某種風險裡,而這個風險是因為對未來預期投入資源才產生的。單一買賣大概都有開始和結束,是明確的個別事件,但營運本身則是連續過程。同樣地,市場倉位也是個連續過程,因其缺乏結束期限的不確定感,就容易使得外部虧損轉而內在化。另一方面,自創風險的活動都是個別事件,諸如體育競賽、政治選舉或投擲骰子等,一旦比賽終了、競選落幕或骰子靜止不動,就都結束了。

簽賭和賭博符合個別事件,但並非連續過程。要是你在此時出現連續過程的行為特徵,很可能就要遭受重大損失。在簽賭和賭博遊戲中,下注是為了證實自己是對的,或想領受一些興奮、刺激感。由此而產生的任何金錢損失雖是真實,但都是被動的,因為這些個別事件本身都會結束。反之,市場倉位則是連續過程,除非自己離場,不然不會結束。要是抱著相同心態,下注後就傻傻一直耗下去,就很可能要賠很多錢。簽賭和賭博是不再繼續玩,損失就會停止的;但在投資、交易或投機活動中,處於虧損之際就算不再有任何動作,虧損也不會停止,甚至是幾乎無止境地擴大下去。

▊ 心理偏誤

　　我們都知道一些日常生活中會碰到的風險，而評估和管理這些風險也是日常中必要的事。「機率」就是用來估計風險的數學，而各位也知道我對數學觀感如何。所以我也不準備對此長篇大論，只是要特別指出我們對於機率的某些常見誤解，以及某些一廂情願、自以為勝算很大的心理偏誤。這一節要以幾個例子說明對機率的常見誤解，並說明它們如何誤導交易策略和市場倉位。在個別事件中，這些心理謬誤都屬有害，一旦出現在連續過程中更將是災難。以下即是涉及風險和機率時，大多數人常見的心理謬誤。

- 第一個心理偏誤是，機率低而金額高的彩金常常被高估；機率高而金額少的彩金則被低估。跑馬賽中，最熱門和最冷門的差別，正是最好例子。
- 第二個是連續獨立事件的機率，常常誤以為是加法而非乘數關係。也就是說，很多人以為擲骰子連續擲出兩個相同點數的機率，是只擲出一次的兩倍。也有人以為連續擲出四次 6 點後，下一次要擲出 7 點的機率也會增加。
- 第三是以為連續成功之後，必定會有一次失敗，這是數學上的必然，反之也是如此。這叫做「賭徒謬誤」

（Monte Carlo fallacy）。事實上 2 顆骰子可以連續十次擲出雙 6，這並不違反機率理論，因為每次投擲都是獨立的，跟前後事件毫不相干。

- 對於有利事件的發生機率，心理認知上會高於實際上的數學機率，反之亦然。比方說，如果簽中樂透的機率和被閃電擊中都一樣是萬分之一的話，我們還是會以為中樂透的機率比雷擊還高。

- 我們在觀察日常發生的隨機事件時，會受到各種不同事件發生頻率所影響，比較注意不常見的事件，常見事件則不太在意。因此那些一長串的連續成功或失敗就容易被記住，較短期連續事件則否。

- 我們常把「不尋常」事件和發生機率低的事件混淆。比方說，打橋牌拿到 13 張黑桃，其特異之處在於一致性，而非稀有（事實上任何一手牌的機率都是一樣的）。再比方說，要是你的彩券號碼就在頭獎隔壁，一定覺得特別倒楣。

一些例子

獨立事件

百家樂的發牌筒並不知道自己發過什麼牌，因此發出的每一張牌都是統計上的獨立事件。事實上，我們可能會以為

根據大數法則，每邊獲勝的機率應該都是一半一半，既然如此，一旦出現某方連勝的時候，應該要押另一方勝才是。但玩百家樂的賭客還是認為這些隨機出現的牌彼此有關係，因此會出現連勝的狀況。

風險、風險暴露與機率

「風險」，是指發生損失的機會或可能性。大多數人都誤以為這樣的機會可以用數字來表示，而把風險和機率混淆了。我們在市場中所看到的是獨特且不可重複的事件，無法對其發生與否賦予機率。以統計術語來說，這種事件屬於「個案機率」（case probability），而非類別機率（class probability）。這表示市場事件其實是算不出發生機率的，只能就行情會不會到達某個特定價位，來研判自己的風險暴露。因此，你能做的就是管理自己的風險和損失，並無法預測獲利。

金錢勝算與機率勝算

市場參與者最常見的謬誤，也許是分不清金錢勝算和機率勝算。許多市場人士都以「風險報酬比」（risk-reward ration）來計算成功機率。比方說，在我那檔有名的併購股（下一章各位就會知道這個故事），我以每股 26 美元買進，在 23 美元設定停損賣單，然後準備在 36 美元賣出。因此我

的風險報酬比即為 3 比 10。拿 3 塊錢冒險，可以賺 10 塊錢。很顯然，我不懂機率，而把這玩意算得有模有樣也不會讓我的交易倉位自動具備勝算。這個 3 比 10 的比率，跟股價會不會漲到 36 美元的機率完全無關，只代表我可能賠掉的金額，和我以為自己可以賺到的金額，它跟任何事情會不會發生的機率都沒有關係。

有些錢看起來特別大

為什麼玩 21 點時，錢看起來特別大？因為我習慣的是交易場上的價位跳動，而不是上頭印有 25 美元或 100 美元字樣的賭場籌碼。在一般狀況下，使用籌碼會讓人輕忽金額的嚴重性，這是一種心理花招，對大多數人都有效。但我本來在市場上光用喊的就能處理幾百、幾千美元的交易，這種方式才不像是錢。等我真的拿著兩個 25 美元的籌碼下注時，倒像是真錢了。

在市場上賠掉 2000 美元，跟玩百家樂輸 2000 塊很不一樣，百家樂輸掉的錢要痛得多。而且，賭百家樂贏 7000 美元，好像也比在市場上賺到同樣金額還爽。為什麼呢？因為我在交易所裡本來就是要賺那樣的錢；但在百家樂裡，這像是從天而降的禮物。這也表示從賭場贏來的 7000 美元，會比市場獲利更容易揮霍掉。那天晚上，康拉德、波德里克和我帶著那些贏來的錢離開，剛好碰上康拉德也當經紀人的朋

友,他一直希望能接到康拉德的生意。我們想去拉斯維加斯最頂級的餐廳,那位經紀人說沒有事先訂位,而且是臨時才決定過去,一定沒有位子。但我們不管,還是去了,我塞了幾張百元大鈔給領班,當然就有位子了。花 600 美元嗆那個經紀人,很值得啊。這錢不是辛苦錢,我們根本毫不吝惜。這些百元美鈔跟我在交易場上賺的,似乎不是一樣大。

▌ 獲利動機或預言動機?

這世上有兩種獎勵:一是名;二是利。你在市場上根據事實猜對每一次行情,是想獲得大家的讚許,還是想在市場上賺錢?你感興趣的,是心理上的獎賞,還是金錢上的報酬?你是想證實自己是對的,或者想賺錢?你在市場上的努力,是出自預言動機還是獲利動機呢?要回答這些問題,你要搞清楚自己是哪種參與者:簽賭者、賭徒、投資人、交易員或投機客。不管你是對政治競選結果提出預測、在賭桌上玩 21 點、購買股票、在交易場中做買賣或在你的露營車玩期貨,都不是從活動本身來判斷,而是根據你表現出來的行為和特徵。你所表現出來的特徵,會決定活動本身的性質。

進行賭弈或參與市場的活動本身,都可以是個目的,或者只是個工具。有些人從事賭博或進入市場是為了行情起落所帶來的刺激和興奮(這是賭徒),或者有些人是為了那種

高人一等的虛榮感，顯示他們更奸詐狡猾、更有手腕來玩這場遊戲（這是簽賭者）。對於想賺錢的專業人士來說，這些活動都是工具（這些是投機客、投資人或交易員）。

有天早上，我和喬·西格爾在交易大廳，有位正在度假的客戶打電話過來。

「今天木材行情如何？」

「漲停板啦。」

「那是為什麼？」

「因為西北部的暴風雨，使木材廠很難出貨，因此現貨市場表現非常強勁。」

「現貨現在多少？」

我跟他說 2×4 白冷杉、西部雲杉－松木－冷杉板材和綠花旗松的價格，又繼續讀著一些新聞電訊。花旗松的「綠」是指新伐材木（因此還沒乾），所以英文也以「綠色」形容新手、菜鳥。

但那時西格爾卻看著我說：「我真是不明白，為什麼那種木材漆成綠色，就比較貴。」

我簡直不敢相信這會是喬·西格爾說的話。他在木材交易場上的期貨買賣比誰都還要多，但他竟然不知道新伐材木和烘乾材木的現貨價格會不一樣。我不曉得他是不是在開玩笑，但回頭想想，我現在才了解，他就算不知道綠材木並非是漆成綠色，也一樣可以成為一位成功的交易員。因為他買

進、賣出的周期很短，只需要一些短期資訊即可做決策，諸
如訂單量、行情變化等。他不必讓那些適合投資人的長期資
訊干擾他的交易。他知道交易員和投資人是不一樣的。

8

—— 第八章 ——

群眾的心理

人對不確定的事情會感到非常不安。為消除這種不安，就會以確定之事取代不確定，創造出一種虛假的安全感。這後來，就變成群眾本能。

—— 班尼特‧古斯皮得，《道瓊指數之道》(*The Tao Jones Averages*)

1980 年夏季的某一天，我的合夥人賴瑞‧波德里克打電話跟我說：「喂，吉姆，我的股票經紀人打電話報了一支明牌，我們一定要買這檔股票。」這家我不記得名字的公司（我早跟各位說過，我做過好些自己都不記得的投資），據說有人要收購。那個經紀人說，「據說」收購行動開始之後，這檔股票會在六十天內飆上 60 美元（當時股價才 25 美元）。

所以我們就看了一下，這檔股票有什麼選擇權可以買。約定價 35 美元的買權（call）當時自屬價外（out of

money）¹，而且相差甚遠，時間溢價也很低，如今選擇權交易價在十六分之一或八分之一美元。你買個幾千口也花不了多少錢。很好，我們最愛幾千口、幾千口地敲進，所以我們真的買了幾千口這檔股票的買權。而且跟後來做黃豆油時一樣，我認識的人幾乎也都跟著我買進幾千口買權。我們所有的客戶和熟人朋友，總共大概買進幾萬口這檔股票的 35 美元買權。我會打電話給我的期貨客戶說：「快啊！我是不能賣你這個東西，但相信我，快打電話叫你的股票經紀人幫你買一些。」他們聽到我自己不賣，也不會因此賺到錢，他們會不信嗎？當然信嘛！

於是大家都搶進該股的買權，我們認識的每個人都進去敲了。然後股價開始動，25、26、27、28、29 美元……成交量也跟著放大。選擇權行情也開始波動，儘管此時也還不到 1 美元。但這玩意你要是有 2、3000 口，它只要從十六分之一美元漲到四分之三美元，那可就賺不少了。我利用約定價 35 美元的買權總共敲進 30 萬股，要是真的飆到 60 美元的收購價，可就是賺了 750 萬美元！

等到行情真的開始動了，就更容易讓別人相信你。「你看，我不是叫你買這些選擇權嗎，那時才十六分之一美元，現在可是四分之三美元囉。你是要跟進，還是繼續傻等在

1　指約定價不及市價。

那？」要是我認識你的話，你最好是買個幾百口，就當作是買個健康保險吧。為什麼說是健康保險呢？要是我跟你說這東西現在只要十六分之一美元，一個月以後可能值 25 美元，你一定要進去買一點。因為你要是不買的話，萬一真的漲上去，你一定會恨自己到不想活了。所以，就當是買份健康保險吧。

三個星期內，股價漲到 37、38 美元，我們的買權也進入價內（in the money）[2]。當時我們才付十六分之一美元，現在可都要 3、4 美元。然後某個周五的下午，期市收盤後大家都在我辦公室裡聚會。電話鈴響了，是我的夥伴賴瑞：「天啊！天啊！我們那檔股票停止交易了，吉姆！要發布訊息了！」

「這就對了！對了！」我尖叫：「靠……事情成了。」

「我們的股票」已停止交易，且準備發布重大訊息。我們花 35 美元買的股票，會有人支付 60 美元來買。我們周末回家都想著，到了星期一我們都是百萬富翁了。有一位我們的大客戶持有 1 萬或 1 萬 5000 口選擇權，他打電話問英國航空包下一架協和式噴射客機要多少錢，準備要招待我們！他真的要包下一架協和式客機，載大家到倫敦慶祝。我們在紐約的華爾道夫－亞士都大飯店碰面，一起搭機去倫敦，渡

---

2 市價已高於約定價。

過愉快假期。包機租金，我不記得確切數字了，好像是 2、30 萬美元吧。但錢根本不是問題，等到星期一早上，我們都是身家好幾百萬的富翁了。

　　到了星期一早上，重大訊息還沒發布，但選擇權開盤後就一路漲了上去。大概半小時後股市終於開盤，竟然跌了 6 美元！訊息發布是「收購意圖」已經取消。結果我們的選擇權就變得一文不值。可是有那麼一個周末，我還以為自己真的要變成身價不凡的富豪呢。

▎群眾與情緒

　　在市場上虧損的原因，最常被提起的就是情感和情緒。對於這一點的解釋，從最簡單的貪婪和恐懼到最細微的各種說明都有，其來源是從我們幼年時期到日後的影響。但檢視個人情感和情緒，根本是搞錯重點。情緒沒所謂好壞，情緒就只是情緒而已，也沒辦法避免。但是**情緒化**（也就是根據情緒來做決策）就很不好了，情緒化的情況是可控制，也應該要避免的。因此，本章不一一檢視每個人的情緒和情感，而是把焦點放在情緒化的主體：群眾。

　　情緒是非常強烈的主觀感受，不必經由自覺的心理運作即可喚起。群眾就是容易受到潛意識動機所引導，換句話說就是被情緒所操控。要是你不能在意識層面上控制自己的行

動，那麼你的情緒就會控制你。因此，要了解情緒化對投資人、交易員或投機客有什麼不利影響，就要先知道群眾的特徵和行為。十九世紀心理家古斯塔夫・勒龐是這麼說的：「群眾就像古代寓言中的斯芬克斯（sphinx）[3]，你必須知道怎麼解決他們心理上的問題，否則就會被他們吞噬。」

關於「群眾」的普遍看法

失控的市場

市場上有一些關於群眾的古老格言，大家應該都很熟悉：「不要跟隨群眾」「要逆向而行」「跟大眾對作」。但多數人不曉得什麼叫「群眾」，懂得分辨的人更少，而知道自己其實就是群眾之一的人就更少了。大多數對於「群眾」的解釋，實際上是研究或參考一些引發震撼的投資狂熱歷史資料。英國歷史學家查爾斯・麥凱 1841 年的巨著《異常流行幻象與群眾瘋狂》（*Extraordinary Popular Delusions and the Madness of Crowds*）中提到許多例子，其中荷蘭的鬱金香狂熱就是群眾喪失理性的著名範例。1634 年，荷蘭當時相當原始的股票市場，有一股投機熱潮延燒到鮮花市場，這情況跟 1980 年代全球股市投機成風又蔓延到藝術市場一樣。

3　古埃及神話中獅身人而且長有翅膀的怪物。

當時荷蘭大眾不分老少，都急著售產求現，搶買鬱金香球莖。鬱金香市場在 1634 年 11 月到達巔峰，1 顆球莖售價直逼一般勞工十年工資。

從這些投機歷史尋找共通模式，已經歸納出各種不同模型，可用來說明群眾把持市場的各個階段運作狀況。例如查爾斯·金德伯格的名著《狂熱、恐慌與崩盤》（*Manias, Panics, and Crashes*）即提供一套「明斯基模型」（Minsky Model）：一、**位移**：某些外在事件（諸如戰爭、糧食欠收等）衝擊總體經濟體系。二、**機會**：前述位移在某些經濟部門中創造出獲利機會，同時某些經濟部門因此封閉。投資和生產集中於有利可圖的產業部門，正掀起一陣繁榮。三、**信用擴張**：信用擴張更加促進繁榮。四、**興奮**：伴隨投資及生產／銷售熱潮，更刺激價格投機。

另一種群眾把持市場的常見模式是：一、**投機**；二、**信用擴張**；三、**金融困境**；四、**危機**；五、**恐慌和崩潰**。

這些模式都有許多種變形，但基本上對於群眾的研究，都是針對歷史事件的研究、描述和解釋來進行，而不是針對個人心理活動過程。因此，群眾往往被視為陷於失控市場中的眾多無名氏。

逆大勢法

在市場上，行情挺升至頂部時大家都想得到別人認同，

而跌到底部又都避之唯恐不及，因此逆大勢而行也是辨識群眾的方法。所謂逆勢操作，就是跟市場大勢對作，持有相反倉位。但你不能一直跟群眾站在對立面，事實上到了某些時候也必須跟群眾方向一致，方才有獲利可能。在群眾力量導入後，大盤因此走向你預期的方向。

這些對於群眾的傳統看法，對我所要討論的並沒有什麼幫助。了解狂熱、恐慌和崩潰模式，對於市場上重複的歷史情節，在辨識上雖有幫助，卻也都無法揭露個人的決策過程。這些模式描述了市場事件，但並不能說明個人之所以成為群眾一員的心理狀態。因為我們重點是擺在市場參與者，而不是歷史學家或經濟學者，我們不需要這些模型來警告市場即將出現狂熱或恐慌。我們需要的是**警訊**，一個可提醒我們自己正在成為群眾一員的模型。

群眾是什麼？

就尋常意義而言，「群眾」是指一群人的集合，不管他們是為什麼聚在一起或被歸類在一起。不過根據勒龐的著作《烏合之眾》（ *The Crowd* ），從心理學角度來看，其意義顯然很不一樣。當所有聚在一起的人，其情緒和想法一致，個體意識消失時，就會成為一種心理上的群眾。我認為這種狀況發生時，那些人未必真的需要聚在一起，單獨的個人要是

也有相同意圖、抱持同樣目的、表現出相同特徵，他就會成為群眾的一員。

你自己躲在家裡看盤，也可以被歸類為市場群眾嗎？**是的**，如果你追隨每個相關訊息，盯著螢幕上的價位跳動，像燭火般隨風搖曳飄忽，你就是市場群眾之中的一員。在你個人的決策過程中，你是否表現出群眾特性？要是你對市場的反應和行動都表現出群眾的傾向、情緒和特徵，那麼你做的就是群眾的交易。

個人與群眾的基本區別是，個人是經過理性思考、慎思熟慮和分析之後才採取行動；群眾則是根據感覺、情緒和衝動來行動。個人會仔細考慮自己的意見；群眾則受到情緒化觀點所影響，而非理性思考。在群眾之中，情緒和欠缺考慮的想法會經由模仿和感染迅速蔓延。了解群眾特徵及其組成，可揭示情緒化如何影響我們決策的架構。一旦掌握到這個架構，就可知道怎麼避免情緒化。

▍群眾特徵

個人成為群眾一員的心理狀態，主要有三個特徵。當個人在做出投資和交易決策時，也可能表現出同樣的特徵。

無敵感

　　個人形成群眾時，需要一種自覺無敵、力大無窮的感受（sentiment），群眾及其成員是毫不遲疑的。根據《韋氏字典》（*Webster's dictionary*），「sentiment」，是情緒、感受和意見的綜合體，那種自以為無堅不摧的強力感受，原本會屈服於個人小心控制的本能和情緒，但群眾是無名無姓的，因此不會為自身行為負起責任。當個人在群眾之中，受到群眾能量的餵養，因為自己隱身其中，就會做出一些平常不會做的事。身處群眾之中，讓個人控制自我的責任感消失無蹤（如球賽勝利後，球迷衝進球場，連球門都推倒）。我在黃豆油交易中的感覺就是如此，我最厲害！我最強！我不會犯錯！我一心一意地以為，那筆交易會賺 1000 萬美元呢。

感染擴散

　　根據《美國傳統英語字典》，「contagion」（傳染、感染）的意思是影響作用或情感狀態擴散的趨勢。像是足球場上的歡呼波浪，主隊獲勝奪得冠軍後反而在當地城市引發暴動。大家彷彿像被催眠還是下咒似的。看著電腦螢幕上的價位跳動，整天打電話跟你的經紀人詢價。盯著電視螢幕最底下的股價跑馬燈，或實際在市場上感受行情的上下起伏，這都像是注視催眠師那條來回擺動的錶鏈。我在露營車上用電話追蹤行情的心理狀態，正是如此。

暗示

　　要描述群眾如何接受暗示，最好的方式是觀察受到催眠的人，在催眠師的掌握下，如何回應暗示力量。此時他已經意識不到自己的行為，很容易接受暗示。在暗示的影響下，他會感受到一股不可抗拒的衝動，而做出一些行為。這聽起來跟我在紐澤西公路上成天黏著電話問行情很類似吧，我接收到黃豆油和股票交易的暗示，就跟著照做。在那個沉迷（感染）的特殊狀態中，個人受到行情變化的操控，執著於當初勸自己進入市場的建議，不管誰的意見他都信。

　　非理性群眾最明顯的特徵如下：諸多個人一旦形成群眾，不管他們的生活形態、職業、性格或智識高低是不是一樣，都會變成擁有集體心智的群眾，其行為方式也跟原本個別存在時完全不同。群眾之中的個人也可能被誘導，做出明顯違反自身利益的行為。群眾特徵中最不可理解的面向之一是，儘管面對如山鐵證的挑戰，成員們仍然可以固執地堅守錯誤假設。所以，明明看到虧損一直擴大，還是死抱市場倉位不放，這就是群眾。

　　這些觀察可以解釋為什麼有時候你會做出一些不該做的事，或某些事情早就該做了你卻不做。這也可以解釋，我在黃豆油交易上為什麼賠光了之前的獲利，還死抱倉位不放。我拿其他交易賺的錢，或者跟朋友借錢來補那個大洞，顯然

是違背自己的最佳利益。為什麼我會放著一個曾經獲利的倉位一直跌、一直跌，跌到必須借錢來彌補虧空也不肯罷手？要是你在 1973、1976 年，甚至是在 1983 年的 8 月跟我說我可能會做出這樣的事來，我絕對不承認自己會這麼傻。要是你對市場倉位的處置跟原本預想的不同，那你就是非理性群眾的一員。不管你自己有沒有意識到，你所做的交易其實是一種群眾行為。不然的話，你早就根據自己的判斷做出該做的事。

重點是，除了傳統上對群眾的看法之外，個人也可能在實際上沒跟大家在一起，或在可見影響下照樣做出跟群眾同樣的投資或交易。非理性群眾和虧錢的市場參與者之間的相似處，非常明顯。各位請記住，判斷是否為非理性群眾，並不在於其人數多寡，而是有沒有表現出其特徵。一個人如果開始表現出那些特徵，那他就是非理性群眾的一員，做出跟群眾一樣的交易。

事實上市場不必出現狂熱，或陷於前述兩種群眾模式之中，個人也可能做出跟群眾一樣的交易。就算行情只是橫盤，參與者若表現出非理性群眾特徵，像衝動、易怒和情緒乖張，無法做出重要判斷，那他就可能做出群眾交易來。如果這樣還不算是情緒化（而且還虧錢）的市場參與者，那就沒人是了。這可真是完美地描述我在黃豆油和併購股的交易，類似的事也還多得是。

　　以下兩種模式是摘自勒龐著作《烏合之眾》。他感興趣的是從社會學觀點來研究暴民滋事的過程和特徵，而我們想了解的是個人在做市場決策時，這些過程和特徵會如何表現出來。

▎兩種群眾心理的模型

妄想模型

　　妄想模型描述個人在擁有市場倉位之前，成為非理性群眾的過程。

　　一、預期關注；二、暗示形成；三、感染過程；四、表現群眾行為以求融入。

　　這個模型正可說明在市場中虧本的人。他急著想賺錢，以為自己都準備好了，所以是處於「預期關注」的狀態。他會聽從別人報明牌或什麼亂七八糟的意見，受到市場熱情的感染，像被催眠一樣恍惚，把那些明牌的建議奉若聖旨，然後採取行動。當你草率而急躁地做決策，衝動地聽從小道消息進出市場，情況不就跟上述一樣。我搶進併購股票和交易黃豆油的過程，也是如此。在那兩個實例和其他很多例子中，我也覺得自己已經準備好痛快地撈一筆，這就是處於預

期關注的狀態。一旦有人建議我做什麼買賣，那份熱情立即感染我、控制我，然後我就採取行動了。

那些想很快補回虧損的人往往會賠得更快，是因為他處於預期關注下，一聽到誰報出明牌就急忙地殺進去。這時候的他們就是不理性群眾的一員，極端情緒化，也注定要迎接虧損後果。

幻覺模型

幻覺模型準確地描述個人在擁有市場倉位後，成為不理性群眾成員的過程。

一、肯定；二、重複；三、信譽；四、感染。

我們來看看以下情況：你或別人發表了一項市場意見（肯定），又轉述給他人（重複）。朋友們問你對市場有什麼看法，你再次轉述，一再地推銷該項意見。接著，信譽就進場扮演它的角色。信譽是一種個人、作品、意念或願望對我們施以主宰的方式，它能完全癱瘓我們的辨識功能，讓我們心中、眼中只看得到、感受到奇觀。一旦市場行情如你所料，你看起來就是個英雄，你是如此厲害（信譽），大家都對你諂媚奉承。情感和情緒淹沒了你（感染）。你就這麼被催眠了。

　　要是其中的信譽是來自你的大膽行動，敢於承擔虧損倉位的懲罰，那麼幻覺模型也適用於虧損的交易。當然，此時市場行情與你的主張相反，但你敢逆勢而行，尤見其勇。「這是市場錯了，它會回頭的！」你對自己勇於挑戰市場感到自豪，市場思維不都認為群眾是錯的嗎？對於你死抱虧損倉位不放，大家都驚嘆不已。於是，你又陷於催眠狀態（感染）而且已然失控。這時也只有外部力量（如因為金錢、家庭或號子介入）才能讓你出場。當黃豆油行情開始跟我作對時，我的情況就是如此，否則我怎會死抱黃豆油不放，從原本的獲利滿滿，跌到把之前的好日子一起賠進去呢？

▌情緒

　　讓我們回想一下基礎經濟學，市場的存在是為了滿足消費者的願望和需求。這表示我們買東西只有兩個原因：感覺更良好（滿足願望），或解決問題（滿足需求）。要在金融市場上滿足前面那一項，就很危險。各位要是想在市場上追求某種情緒狀態或藉此樹立尊嚴，可能是有某些心理失調，需要找醫師求助。就像沉迷於賭博就是一種人格障礙，不過本書不是要討論這些心理疾病，而是針對市場行情變化所造成的情緒起伏。但請各位記住，情緒本身沒什麼好或壞，情緒就只是情緒而已。我們要避免的是情緒化，而非情緒。

希望與恐懼的矛盾

心理學家和精神科醫師通常建議不要壓抑情緒,但少有人壓抑正面情緒,通常需要抑制的往往是負面情緒。不過,各位聽來也許會覺得奇怪,不管是正面或負面情緒,對於你在市場上的決策和績效,可能都會有不利影響。要搞清楚這點是否確實,要先了解希望與恐懼的病症,及其與群眾的獨特關係。

一般常說,貪婪與恐懼是市場參與者的兩種驅動情緒。不過,希望和恐懼才是主要的,貪婪只是希望的失控。大家對於希望和恐懼的看法,幾乎都是互相矛盾的,就像專家們對於賺錢的意見一樣呈現分歧。我們都曾聽說,不要因為希望或恐懼而買進或賣出股票,或是因這些原因來做交易。不要期待市場倉位會照我們的意思走,也不要害怕它不會照著走。我們也曾聽說,你因為希望而買股票,其價格往往已經走高,你就會買在高點;而你若是因為恐懼而賣股,其價格也早已反映,因此就會賣在低點。或者以逆勢思考的教主,財經作家韓福瑞・尼爾的話來說:「群眾最是熱情、樂觀之際,應謹慎小心;當他們最害怕的時候,則要大膽進取。」另一方面,我們也看看傑西・李佛摩的說法:「害怕的時候才要抱著希望;懷抱希望之際更要懂得戒慎恐懼。」意思是說,我們要希望獲利增加,而不是害怕獲利賠光;我們害怕

的是虧損擴大，而不是希望虧損可以撈回來。

　　這種看法針鋒相對的情況，可用希望與恐懼的矛盾來解釋，這兩者其實只是同一枚硬幣的兩面。換句話說，我們通常是同時體驗到希望和恐懼。

　　當你做多，而市場行情也往上走，你：

　　1. 希望它繼續漲，但……
　　2. 害怕它不漲。

　　要是你的恐懼夠大，你就會獲利了結，然後希望市場下跌。

　　當你做多，而市場行情走軟，你：

　　1. 希望行情反轉，但……
　　2. 害怕它不反轉。

　　要是你的恐懼夠大，你就會認賠出場，然後希望市場繼續下跌。

　　當你想要做多，但還沒進場。此時市場上揚，你：

　　1. 希望市場暫時反轉讓你進場，但……
　　2. 害怕它會一路漲上去。

　　要是你的恐懼夠大，你就會搶進，然後希望市場繼續漲。

　　我們的討論要是放在個人情緒上，恐難避免許多混淆。因此應該把重點擺在情緒化。想了解情緒化，先了解不理性群眾，就是最好的辦法。

狂熱與恐慌：希望與恐懼的群眾表現

　　正如本章開頭摘文所示，我們對於不確定的事總是感覺很不舒服，因此會用一些確定的事來取代，也正因此而屈服於群眾本能。對於未來的不確定感也會引發兩種主要的情緒反應：希望和恐懼。我們都希望未來會很好，同時又害怕事與願違。當我們成為不理性群眾一員時，這些情緒反應就會走向極端。群眾本能在市場上一旦結合希望和恐懼，就會出現狂熱和恐慌。

　　根據《美國傳統英語字典》，「mania」（狂熱）是指大眾對某種風氣、時尚或短暫流行抱持非常強烈的熱情。而「panic」（恐慌）的定義是突然降臨且難以抗拒的恐怖感，常常在同一時間影響許多人（字典中還說參見同義詞「fear；恐懼」）。各位請注意，「狂熱」與「恐慌」的定義，都跟希望、恐懼和群眾有關係。

　　狂熱和恐慌未必都是大規模的群眾事件，像荷蘭的鬱金

香狂熱那樣，其特徵也可能出現在個人對進出市場的決策上。因為你獨處的時候也可能是不理性群眾的一員，因此光你一個人也可能陷入狂熱或恐慌。而當你一個人腦子發熱時，市場甚至都未必出現同樣的狂熱或恐慌。當市場在橫向盤整時，你自己一個人也可以體驗到恐慌或狂熱，以及表現出群眾對於希望或恐懼的反應特徵。

在一個人的恐慌時，群眾行為會結合你個人對於賠錢或錯失獲利良機的恐懼，因此讓你做出某些事或因此不採取該有的行動。當陷於孤身一人的狂熱中，群眾行為會結合個人對於獲利或賠錢倉位逆轉的強烈希望，成為你行動或不行動的主要原因。

因此，各位不必去注意自己各種不同的情緒，只需嚴密注意群眾形成的那幾個階段特徵即可。注意那些在你成為不理性群眾時所伴隨出現的徵狀，只要能避開這些，也就能自動避免情緒化。

1983 年 8 月的一個星期四，我在一天賺到 24 萬 8000 美元的隔天，跟波德里克坐在他湖濱別墅的碼頭邊，他轉身對我說：「唯一能阻止市場繼續漲的事情是什麼？」我思考了 1 分鐘，說：「嗯……要是下雨的話，情況就不一樣了。」

那天晚上我們看新聞，看到天氣預報說週末會下雨。波

德里克看著我，説：「啊？就是這個嗎？是嗎？」我説：「喔⋯⋯不是⋯⋯不是吧⋯⋯雨量可能不夠⋯⋯而且也不是下在印第安納州。」結果我只花了半小時就説服自己那場雨沒關係。雨量不夠、地方也不對嘛，所以隔天市場對那一點小雨不予理會，行情照樣高漲。

到了星期一，波德里克獲利了結，他離場了，因為周末真的下雨。我之前也跟他説，要是下雨，行情就結束了，所以他就獲利了結出場。但我呢？我沒走！我死死地釘在原地，對自己説那點小雨不算什麼。這可是十年來的大行情，我可不會因為那幾滴毛毛雨就被騙出局。

這正是我一個人陷於狂熱之中。

在此重複一下本書到目前為止的主旨：肇因於心理因素的虧損（我説的是真正的**虧損**，不是那種偶而賠點錢的情況），這些虧損並非因為行情分析出問題（第五章）。有些人會把市場和交易倉位，看成個人的心理內在（第一至第四章），將原本的外部損失內在化（第六章），混淆不同類型的風險活動（第七章），以及做出跟不理性群眾一樣的交易（第八章）。這些虧損是否都有一個共同原因？我們能否克服那個原因，然後完全避免犯下錯誤？

Part 3

綜合討論

What I Learned Losing A Million Dollars

9

—— 第九章 ——

規則、工具與傻瓜

就算是個傻瓜，偶而也會碰對運氣。

—— 威廉·古柏，英國詩人

　　這個故事的最後有點諷刺。我在 1983 年 11 月破產後沒多久，黃豆油市場真的就反轉了。要是我可以撐久一些，到 1984 年 5 月時，我那 540 套價差交易就價值 320 萬美元了。不過現在回想起來，其實也不會有什麼差別。我遲早都要把自己賠光的，拖得越晚，就賠得越多。我當時就算能穿越死亡蔭谷，帶著 320 萬美元光榮脫身，只要我還是像那樣在做交易，日後也會在別的買賣上賠個精光，那時候說不定是賠掉 600 萬，而不只是 160 萬美元而已。那只不過是推遲一個不可避免的慘重虧損，而且是越拖越嚴重。我是否可能也會做點聰明事，像是先付清房屋貸款或存下一點錢，不要全部

投入市場呢？或許吧。但我還是認為，那場最終的災難一定
會發生。

　　為什麼我肯定那場災難躲不掉？因為，即便我生活中有
許多事情是遵守遊戲規則而成功（如：大一英文、明尼蘇達
性向測驗、軍官培訓學校和榮譽結業生頭銜），但也有許多
事情的成功是因為我不守規則。有很多事情是看似不應該會
成，但也讓我矇中了。比方說，沒人會冒冒失失地打電話去
兄弟會要求入會徽章，結果我竟然要到了；沒人會因為穿著
600 美元的西裝，打著 50 美元的領帶，套雙高檔皮鞋就當
選芝加哥商品交易所董事，但我就是個例外。當我不守規則
也能成功時，就認為規則是訂給別人用的，我不必遵守也能
成功。

　　這也就是說，我在有意或無意間會打破規則，可是一旦
發生錯誤（我們每個人都有犯錯的時候），我卻不能坦承錯
誤，或者不相信自己會出錯。光是這一點就保證虧損一定會
發生，而且會把我從市場三振出局。

　　要是你偶而打破規則，照樣是連戰連勝，那你的問題肯
定更嚴重，因為你會覺得自己比旁人更優越，才能不受規
範。你的自我會因此膨脹，一旦出錯就拒絕承認現實。即使
行情跟你預期相反，你認為自己一定會是對的，行情必定會
反轉。所以，要是只有 100 萬美元虧損，我就會自我膨脹，
那麼要是當我真的逃過一劫又大撈一筆，這問題又會變得多

大？要是當時真能撐過虧損，市場逆轉讓我狠撈一票，那麼我的自我想必也會膨脹得更厲害吧。

綜合討論

　　回答前一章最後提出的問題：是的，觸發造成虧損的心理過程、行為特徵和情緒反應，都有一個共同因素——**未來的不確定性**。在一個確定的世界中，我們就不必選擇或行動。確定性會取代機率，就不會有潛在的損失（即風險），也不會有風險活動，不管是既有風險或自創風險。我們既不會虧損，也不會經歷內在虧損五階段。金融媒體人詹姆斯・葛蘭特說：「正因未來不可測，市場上才會既有買家又有賣家。要是社會主義者說得沒錯，未來果真是可以測定的，那麼市場必定解散，因為絕對沒人願意承擔買賣中輸的那一方。」因為我們渴望消除對未來的不確定感，才讓群眾本能和群眾行為有機可乘。如果未來是確定的，我們就不會屈服於情緒化反應。同樣地，我們對於未來不確定感最強烈的情緒化反應：希望和恐懼，也就不會發展成個人的恐慌和狂熱。但我們都不是生活在確定的世界中，因此需要想辦法處理對未來的不確定感。

處理未來不確定性

所有的事業，甚至是所有的人類活動，都跟風險大有關係，原因很簡單：未來總是不確定的，且我們絕對無法精準地預測後續。要處理關於未來不確定性的風險，我們有三種方法：**工程法、賭博法**和**投機法**。

如果工程師遇到問題，為求得技術上令人滿意的答案，都得探究一切需要知道的事。他會為自己的解決方案建構安全緩衝，以消除不確定所帶來的極端衝擊。因此，工程師的方法基本上是在一個確定世界中運作，因為他知道大多數的事情，就算不是全部，也控制著大部分可能影響到結果的變數。

而賭徒則是對於影響到結果的因素一無所知，因為賭博的最大特色就是對結果的未知。賭徒追求興奮感，只想讓腎上腺素暴衝。他不是為了賭贏才賭，而是為了賭博本身。

投機客沒有工程師的優勢，自然科學法則也無法預測價格行情的未來走向。不過投機客還是強過賭徒，因為賭徒完全碰運氣，而投機客至少對那些影響其活動結果的因素知道一些。投機，即是對不確定未來的理智檢視和系統分析。

成功的投資，即是投機成功的結果。如果你的「投資」是一檔股票，那也要依靠公司經理們對自家產品市場的準確預測。如果你的投資只是把錢存在銀行裡，那也要靠銀行放

款人員準確預測未來商業情勢，謹慎承做會賺錢的放款，才有收益付你利息。光是把錢放在銀行裡，是不會憑空生出利息的（這裡只是說明一般銀行業務狀況，不考慮聯邦存款保險公司〔FDIC〕的保險）。美國聯邦儲備委員會前主席亞倫・格林斯潘則是這麼說：「銀行業長久以來就是放款給甘冒危險的企業，小心謹慎地承擔放款風險。」也就是說，銀行家也是在投機。

　　成功的交易，也是投機成功的結果。操盤手運用系統方法買賣股票（或債券、期貨、外匯等），並小心監看市場狀況，留意供給和需求的微妙變化。他對「試圖預測的危險性」知道得太清楚，所以不會去預測市場走向。他在嚴格的條件參數下操作，「如果○○○，就 ×××」，這就是他買進、賣出的決策依據。

　　成功的套利，也是投機成功所帶來的結果。套利者檢視商業現況和展望，認清市場情勢，評估業界和市場變化，計算目前價格是否有利可圖。如果是的話，他就會以自己擁有或日後需要的現貨來進行套利。

　　投機需要深謀遠慮。在行動之前先思考，以理智判斷是否進行某項交易、何時買進或賣出。投機客必須先預想幾種未來可能發生的狀況，決定各種狀況下應該採取的對應行動。這些都必須在行動之前先設想妥善，而行動前先想好任務順序，就是「計畫」。所以，「投機」和「計畫」實際上就

是同一件事。計畫的時間跨度，可長（投資人）可短（操盤手），範圍可寬（套利者）可窄（一般交易員）。既然我們不是市場上的工程師（除非你是華爾街的「火箭科學家」），而且也早就知道把市場當賭場的危險何在，因此能夠處理未來不確定性的方法，也只剩投機和計畫。因此，本書之後提到**投機者**，就包括投資人、投機客和操盤手。這些人，都是投機者。

　　名詞「計畫」是指詳細的設計、規畫或方案，或是為了完成特定目標預先設想的方法。動詞「計畫」則指行動前先思考，不是邊思考、邊行動，也不是先做再想。要是沒有計畫，勢必落入兩者之一：你是個簽賭者，如果你想要的只是證實自己是對的；或者你是個賭徒，如果你只想尋刺激、找樂子。當你對市場動向發表意見時，就等於把個人跟市場綁在一起，開始把市場當做是個人的表現。若行情變化如你所預料，就是證實自身正確；萬一走勢不同，就覺得是自己錯了。甚至是在市場走勢相反時，你覺得該說點什麼來為自己的意見辯駁，或者更糟糕的是覺得自己應該做點什麼，表示自己有堅守立場的勇氣，比方說死抱虧損倉位不放。只為證明自己是對的而參與市場，那叫「簽賭」；只想追求興奮刺激則是「賭博」。如果是要投機，那麼依照定義，你得先有個計畫。

▌做決定

　　正如我們在第六章所言，市場參與的關鍵即在決策。你在制定計畫以落實決策之前，要先決定會在什麼條件下進入市場。如果決定先不進入市場，顯然也就不必有什麼計畫。廣泛言之，決策過程如下：一、決定你要成為哪一類型的參與者；二、選擇一套分析方法；三、制定規則；四、建立控制機制；五、制定計畫。

　　根據你也許積極、也許保守的目的和目標，你要先決定自己要當個投資人或投機客，再據以決定要參與哪個市場、使用什麼分析方法，你必須有什麼規則和控制機制，以及如何在計畫中執行這一切。我們現在已經知道，沒有哪套分析方法保證大家都會成功，而是你會發現某些方法符合你的風險要求，根據你的研究和風險忍受能力來制定自己所需。

　　首先，你要決定的是自己要成為哪種類型的參與者（投資人或投機客）。然後選擇自己準備參與哪個市場（股票、債券、外匯、期貨）。你制定的計畫，其中的特徵和時間跨度也必須與你選定的參與者類型一致。為什麼呢？因為中途變更時間跨度，就等於改變參與者類型，這跟在市場上簽賭或賭博一樣危險。比方說，對大多數涉足股市的人來說，「投資」是什麼呢？九成都是因為「交易」失敗，只好長抱。他們一開始都想在短時間內撈一票，等到套牢之後，只好拉長

時間跨度，於是這筆交易就成了「投資」。「吉姆，我勸你現在趕快搶進X公司的股票，現在才20美元，接下來會漲到30。」所以我們就搶進，然後呢，股價跌到15美元。「現在才15美元真是太划算了！很快就漲啦。」然後我們又敲進更多，結果跌到10美元。「好吧，我們要把眼光放長一點，這是個投資嘛。」美國的信託基金裡，總共買進多少賓州中央鐵路公司（Penn Central）的股票呢？那可多了，因為它們在投資美國鐵路的偉大建設。當該檔股票從1968年的86美元，跌到1970年只剩6塊錢時，大家都因賠太多而難以放手。所以，他們就拉長時間跨度來安慰自己，合理化自己為何還抱著賠錢貨。或者我們也可以談談IBM公司，這曾經是法人和散戶的最愛。當該公司股價從1987年的175美元，一直跌到1993年的45美元，分析師們可是一路不停地呼籲買進啊。

　　大多數股市參與者碰到的問題，是因為他們聽從某個基本面消息而買進某檔股票。這跟我相信黃豆油的基本面消息是一樣的：「黃豆油就快用完啦，即將陷於短缺，所以一定會漲價。」要是我因為相信獲利增加的消息而買進某檔股票，一旦股價下跌，我便免不了得面對一個好問題。我這個相信消息的股市參與者必須決定：「要嘛是我一開始就傻到相信那個消息，不然就是市場錯了。」你覺得我會選擇哪一種？當然是認為市場錯了呀！所以我就要跟市場對抗到底，死抱

虧損倉位，於是交易就變成了投資。

我們來看看《華爾街日報》，一則關於散戶投資人的報導：「他看到專門投資生技股及電腦相關類股的二十世紀投資超基金（Twentieth Century Investor's Ultra Fund）在 1991 年的報酬率幾乎達 87％後，也跟著以每單位 18 美元的價格搶進該基金。一年後基金跌到每單位不到 15 美元，他覺得自己被套牢了。『有些人叫我快點砍掉虧損，可是我已經虧掉太多。』那個投資人說，『幸虧我現在並不急著用那些錢。』」唉，難道市場在他需要用錢的時候，就會為他反彈回升嗎？「我已經虧掉太多了，現在不能認賠出場」這真是對操盤手或投資人來說，最糟糕的想法！他的意思是：他已經垮了，被釘在十字架上，徹底完蛋，而且他因為徹底完蛋，所以無法認賠出場。這真是夠蠢的了！會因為虧損太大，所以無法認賠出場，就是把市場內化成心理因素，害怕丟臉才不願認賠。更糟的是，大多數股票投資人都是用現金買股票，他們設定的時間跨度就更容易延長。何以如此？因為他們的投資倉位開始虧損後，不會有人強迫他們認賠出場。就算他們是融資買進，也是以 50％的保證金來買股票，跟期貨交易員只須 4％至 12％保證金即可做交易很不一樣。因此在股市裡虧損倉位更容易失控，只要延長原先設定的時間跨度，大家都會變成「投資」人。

股票投資人可以死抱倉位不放，但期貨市場的投機客則

在期貨合約到期時，就一定要平倉出場。因此就算他死命撐著虧損倉位，期約到期時，就被迫一定要做個新決定。但股票投資人則不會受到這樣的逼迫，因此各位參與股市時，一定更要確定自己要成為什麼類型的參與者。

接下來，是要選擇一套分析市場的方法。若不選定一套的話，日後很可能在幾種不同方法中來回，找尋任何有利自己死抱倉位不放的證據。有許多方法可以分析市場，因此各位也一定可從某些方法中，找到某些指標來支持自己繼續死撐下去。不管賺賠都可能著了這個道：**賺錢倉位可能因此遲遲不放手，結果從賺錢拖成賠錢；而虧損倉位則是一拖再拖、一延再延，使虧損遠遠超出原本設定的額度。**

你的分析方法，就是用來描述市場狀況的工具。股票的基本分析不會告訴你何時進場。沒有什麼神奇公式可以綜合各種基本面資訊，告訴你何時買進、賣出。預期盈餘、本益比、股價淨值比和其他基本面數據的高低，都不能當作買進或賣出股票的明確指示；許多不同的技術分析方法也同樣不能具體指示買進、賣出時機。這些都只是描述市場狀況的工具。分析就是個分析罷了，它不會告訴你何時該進、該出。

要把自己的分析應用到評論之外，要先認定自己的機會條件。這就是你的進場規則，透過規則來運用你的分析。而這些規則不容變通、挪移。工具（即分析方法）的使用都有一些彈性可供調整，但不懂得堅守規則的傻子也就等於沒有

工具。你必須制定一套參數來確認機會，並據以決定何時該採取什麼行動。怎麼做呢？你要先做功課（也就是研究、測試和嘗試錯誤與修正），然後制定出一套參數和規則。這些功課能讓你確認，滿足什麼樣的參數或條件才會是個機會，而你的規則就是「如果○○○，就要 ×××」的條件陳述，以此來實現你的分析。而這就是根據分析，得出的買進或賣出明確指示。

　　要是不符合你設定的機會條件，就不能採取行動。但這並不表示你放過的任何交易或投資，不會變成有利可圖，或許就別人的規則來看，它就是個可接受且能夠獲利的機會。各位請記住，市場參與的關鍵即在於決策，而杜拉克提醒我們：「沒有決策是完美的。」放過一個機會，總要付出一些代價。各位必須認清一個事實：有時候你不進入市場，它照樣會讓人賺錢。對那些你錯過的機會，就別再介意了，那是別人的機會。在這市場中，有成千上百個機會，你的規則只能抓住其中幾個，不要想統攬全包。

　　決策的下一步是建立控管機制，也就是不管是賺或賠，都必須設定**退場**條件，可能是一張已經設定價位或時間的賣單，或是特定條件的停損單（也就是說，要是某事發生或沒發生，就要平倉出場）。你的出場條件，創造出一個結束倉位，不會發生歹戲拖棚的獨立事件。這就是杜拉克所說的：「擬定策略之後，需要控制。」就商業計畫而言，一個策略

須包括市場選擇和進入條件，而控管機制則由退場條件構成。杜拉克的意見指出，策略必須與控管機制同步，而不是在執行策略之後才選定。不幸的是，市場參與者大都是在進入市場後才選擇停損或出場機制，有些甚至根本沒設定出場條件。各位一定要在進場前先設定停損，為什麼呢？因為一旦進場後，你看到、聽到的一切，都可能受到本身持有的市場倉位而扭曲。比方說，有人建立多頭倉位後，你問他對市場有什麼看法，難道他會跟你說行情要下跌嗎？當然不會，他一定會跟你說行情將因為怎樣又怎樣的理由而上漲。控制應先於策略的另一個原因是，正如我們在第七章討論的，你不會知道交易的獲利可能，只能算出暴露的風險。因此你能做的只是該怎麼管理虧損，而不是預測獲利。

▍計畫

十一種香草和香料

　　大家都想知道成功的計畫裡有什麼祕密配方。但光知道裡頭有哪幾個配方也沒用，重要的是整套方法，可以告訴你哪些配方要以多少數量、什麼順序來進行。各位看過肯德基的廣告吧？「上校的祕密配方，是由十一種香草和香料混合而成」。所以，桑德斯上校儘管大方說出那十一種香草和香料（亦即配方），也不必擔心誰會來搶走生意，只要他不透

露要怎麼混合調配（也就是數量和調配方法）。

　　誰也做不出所有市場參與者都能適用的計畫來。況且，有那麼多種不同計畫都能成功，所以用哪種計畫不是很重要，重要的是一定要有套計畫。各位請記住，賺錢的方法可說人人都有一套，計畫也是人皆有之，但能夠有效制定計畫的調配方法只有一套。不管各位準備使用什麼分析方法，在決定進場前，就要先決定出場的時機、價位及原因（新資訊）。

　　對於制定計畫，幾乎所有建議都說要分成三項：「進場」「停損」和「價位目標」。然而若希望可以發揮有效的控制機制，計畫的制定必須先決定「**出場**」「**進場**」和「**價位目標**」。未設定價位目標，可能造成交易轉盈為虧；進場價位挑得不好，也許會擴大虧損或減少獲利，但若不事先設定停損點，可能會讓你虧損得非常嚴重。通常大家都是在進場後才會挑選出場價位或時機，有的甚至不設定。如此設定的出場點，完全是根據進場點來設置，通常就是代表他們覺得可以忍受的虧損額。然後又據此算出錯誤的賺賠率來合理化自己的決定，比方說拿出 500 元冒險，想賺 1500 元，說這是「賠一賺三」的報酬率，但價位能否到達目標，根本就沒有統計根據。

　　我這套配方最特別的一點，是在決定進場前，要**先決定停損條件**。且讓我再次引用杜拉克的話：「不管是要進入任

何活動或任何產品的市場之前，在制定計畫時首先要問：『今天若非有所承諾，我們會做嗎？』答案若是否定，我們就要再問：『要怎樣才能迅速退場？』」身為市場參與者，各位也不必對市場有什麼承諾，所以在進入市場前要先問後面這個問題：**如果知道自己在什麼狀況下會出場，也就會知道什麼價位和時機適合進場**。跟大多數人正好相反，你的進場點應該是根據出場點設定出來的。一旦知道在什麼價位或狀況下要出場，也明白自己願意承擔多少虧損，此時，也唯有此時，你才能去思考何時進場。

　　當然，要求在新倉位建立之前先設好限價單（price-limit order）停損，可能會讓你錯失一些很棒的交易機會。但錯過這些「可望賺錢的交易」實際上並沒有損失，要是控制不當（交易後才設停損）甚至是根本不控制（未設停損）的話，遲早會讓你賠得慘兮兮。先設定出場或虧損標準，決定好自己可以忍受的虧損額度，才進場建立新倉位。再來，等新倉位建立後，就不要再更動停損單了。或者，要是你採用技術分析方法，也可以在倉位開始賺錢後逐步調高停損價位，好鎖住更多獲利；若你採用基本分析，那就依照原先設定的基本面條件來仔細監看，研判自己的出場時機。要是你在倉位建立後才設定出場點，或者開始調低停損價位以包容更多虧損，或者改變決策時設定的基本面條件，那麼你就是：一、**內化虧損，因為害怕丟臉；二、簽賭或賭博，因為想證明自**

己是對的；三、做出群眾模式的交易，因為做出情緒化的決策。結果，你的虧損會因此比原先願意承擔的，還要嚴重得多。

你的計畫就是根據選定的分析方法而撰寫的劇本，也就是為預期會發生的事情提供明確的行動步驟。萬一那件事沒發生，你也早已設想多種可能，知道該如何因應。這並不是要預測未來，只表示你必須預先設想，萬一 A、B 或 C 事件發生時，你要怎麼辦才好。這種在商場和市場上都獲證實的穩健方法，就是所謂的**情景規畫**（scenario planning）：「一種有組織、有紀律地思考未來的方法，也是針對政治、經濟流動變化的狀況預期技巧。」情景規畫技術是蘭德公司（RAND Corporation）的戰略分析師，在思考核戰本質等各種重要問題時開發出來的。分析師設想可能的結果，並辨識哪些政治、經濟突發事件可能會如何導致這些結果。對於尚未知曉的未來而言，這些設想可作為沿途的參考路標。1970 年代初期，石油鉅子荷蘭皇家殼牌公司（Royal Dutch Shell）的企畫師開始將這套技術引進石油業：「其結果是，情景規畫提供了評估策略、測試投資決策的方法，並可據以明確風險和不確定性。」石油業必須進行長時間的投資，成敗往往跟隨社會、經濟和科技發展而有劇烈變化：「殼牌公司企畫師不僅將情景規畫運用到能源業務，也將之運用於更大的全球經濟和社會發展趨勢，作為未來規畫的一部分。」

各位也必須運用情景規畫法，來明確風險和不確定性，並計畫未來。

　　各位如果採用技術方法來分析市場，那麼你據以決策的資訊，只會以兩種形式顯現：價格的上漲或下跌。若是採用基本面分析市場，那麼可資決策的資訊就有多種形式。但就算是採用基本面分析，虧損也總有個限度，是你認為無法忍受的。請各位記住，我們想要納入控制管理的，是可能發生的情況和虧損，而不是要預測未來和獲利：「情景規畫當然無法告訴我們未來，只有算命師才能做到這點。」我們現在已經知道，想要預測未來就表示你在簽賭，只為了證明自己是對的，會讓你完全掉入陷阱：「情景規畫法不是要決定哪種情況才是對的……這根本沒有『正確』解答。」

　　想知道自己猜測正確，或者讓別人知道你猜測正確的心理，正可說是人類對於市場狀況的一種傾向：我們往往是**關切市場「為何」發生某些狀況，而不太注意到底是發生「什麼」狀況。**我們總會聽到有人問說：「市場為什麼漲（或跌）？」要是有人問說「市場為什麼漲」時，他是真的想知道原因嗎？並不是。如果他做多，是想聽些利多消息以強化自身觀點，獲得一些良好的自我感覺，慰勞自我；要是他沒做多，也許就是做空，那麼他想知道市場為何而漲，也只是想抬損，跟市場爭辯，好證明自己才對而市場錯了。他要的

是有個機會可以回答說：「喔，這就是原因啊？這真是蠢到不行的理由啊！」他只是想為自己「站錯邊」找理由，所以他要問「為什麼」，好批評說：「那個理由超蠢的！」關於探究市場漲跌的原因，我可以告訴各位，這會帶來什麼好處和壞處。要是你做多，而且市場會漲的話，儘管你不曉得原因何在，好處就是你不會賠錢，一毛錢都不會賠；就算你只是運氣好，矇對了，市場也不會收你一塊錢。但若市場向上走，你卻做空，那麼壞處是就算你明白原因何在，你的錢也要不回來。所以，知道漲跌原因有什麼用？知道也不會讓你在市場上獲得嘉獎計點啊。又不是像以前學校的數學考試，知道哪裡錯了還能得到一點分數。而這些好處和壞處，不只是市場如此，對任何生意買賣都適用。

　　《華爾街日報》曾有篇關於約翰‧克魯格的報導，他曾是《富比士》雜誌年度調查的美國首富。1988 年，在克魯格收購龐德羅莎（Ponderosa）連鎖牛排館之前，有些心懷疑慮的銀行家問他：「你不覺得現在做這一行不對嗎？」當時的美國人開始注重飲食健康，而牛排不算健康食品。克魯格氣呼呼地搥著桌子：「大家都愛吃牛排啊！」他對美國人愛吃丁骨牛排、沙朗牛排很有信心，因此在未來三年會對龐德羅莎餐館投資近 10 億美元。結果，美國的牛肉消費量雖下降，但餐館中的牛排銷售的確維持穩定。「所以，克魯格先生沒說錯：大家都愛吃牛排。但不是他的牛排。」《華爾街

日報》如此總結。

　　就算他說對了卻沒賺到錢，又有什麼好處？甚至更糟的是還賠了錢。龐德羅莎後來虧損嚴重，克魯格必須投入更多資金才能維持營運，1992 年注資 6000 萬美元，1993 年又挹注 3000 萬美元整修 360 家連鎖店。《華爾街日報》稱：「在此之前，克魯格先生以其點石成金的神技聞名於世。」各位看到此，有沒有覺得很熟悉？我也曾點石成金、神乎其技啊：「黃豆油要出現短缺了！」我也沒說錯啊，的確是出現短缺，但我不僅沒賺到錢，還倒賠了一屁股。我把其他交易的獲利全部投入，只為維持虛妄的「正確」。跟克魯格一樣，我是對的，但我們的交易都沒賺到錢。所以，你就算是對的，也照樣會虧錢。各位要記住，這世界只有兩種獎賞，不是名就是利，你覺得哪個才重要呢？你是想要像個先知似的，讓大家都知道你的說法正確嗎？不管是在商場或市場，都不必在意自己正確與否。所以，你應該切實遵照自己擬定的計畫，小心謹慎地顧好自己的錢。

　　只想證明自己是對的，就表示你在簽賭，而把市場交易內化為自己的情緒，正是造成虧損的心理因素。各位要注意的是有沒有認真做功課，下功夫研究，設定出一套決定進場和出場的研判條件，並且切實照計畫施行。

　　現在大家都明白計畫是什麼，我們再來看看遵照計畫施行，可如何對付第六、七、八章中談到的不確定性。

計畫 VS. 虧損、風險與群眾

面對市場虧損時，對於未來的不確定感會引發內在虧損五階段。你是否曾對自己說過：「不可能！市場怎麼會跌得這麼深呢？」這就是「否認」。你曾對市場生氣、痛罵，甚至遷怒家人和朋友嗎？這就是「憤怒」。你曾經懇求市場或上帝，希望價位回升，只求回本不賠就出場嗎？這就是「討價還價」。市場虧損曾讓你吃不下、睡不著嗎？這就是「沮喪」。你曾碰過號子幫你斷頭平倉嗎？這就是「接受」。要是沒有一套計畫，那麼你的虧損可真是伊於胡底啊，在經歷那五個階段之際，你的虧損必定會越來越大。而且像我們之前討論過的，甚至會在前四個階段中不斷惡性循環。反正你到最後必定要接受虧損，還不如事先就確定好虧損額度，只要你切實遵守，就能中斷內化五階段的鬼打牆。事先確認虧損額度，等於將其不確定性降到零，因為你早就知道而且也願意接受這個額度的虧損。

這套計畫不但能讓你避免陷入五階段的陣痛，也會帶來一些市場遊戲的正面屬性（稍後詳論）。市場倉位屬於連續過程，其結果比獨立事件，如一手撲克牌或一場運動比賽更加不確定。各位還記得之前談過的賽馬例子，比賽到一半再讓各位重新下注嗎？除非你預先設定一些限制與條件，不然還是會在完全不適合的環境中，陷於簽賭或賭博的危險。要

是沒有一些方法來中斷這種連續過程，任憑身邊的價格波動、隨機出現的新聞事件或他人意見所左右，那麼不管是獲利或虧損也都難以鎖定。市場上有無數種分析方法，每一種都可用來解讀這些價格變動或新聞消息，而在這個過程中分析變成自身的獎賞、成為目的本身，於是你就想證明自己是對的，於是交易就成了簽賭。因此，在市場中就需要一些運作參數，可從連續過程中分離出獨立事件來。而準備好一套計畫，就是要讓市場倉位有一個終點。制定計畫時先設定停損，即是讓本來就很危險的連續過程，轉變為一個有界限的個別事件。

　　市場參與者總是堅決否認他們所做的跟賭博有關，其說法是：「市場經濟中的商業行為與金錢遊戲並沒有那麼相似。遊戲競賽的特色是兩人或兩組人的對抗，而市場則是提供消費者想要的。」他們不希望別人當他們是賭徒，花了很多時間解釋市場和賭場是如何不同。但各位還記得吧，我們在第七章看到許多人其實不知道自己從事什麼類型的風險活動。他們也不明白，決定他們從事簽賭、賭博、投機、交易或投資的關鍵，不在於活動本身，而是要看他們表現出來的特徵。不了解這些關鍵，就很容易在一個連續過程（即市場）中，表現出個別事件才適合的簽賭或賭博特徵。我們很容易就看到，許多市場參與者只是嘴巴上說市場非賭場，但行為特徵卻剛好相反。

　　但根據我從事交易和賭博的經驗，我發現若真把市場當成是遊戲競賽，反而比較不會因為心理因素而蒙受虧損。為什麼呢？因為遊戲競賽自有其規則和明確的終點；參加遊戲的人也都有一套計畫。我們制定的計畫帶有遊戲競賽的正面屬性（即非賭博本身，而是遊戲競賽的概念），應用到市場上即可提供一個設定獨立事件的架構。也就是說，它會讓你不至於混淆投機與簽賭或賭博，也能防止你在一個連續過程中進行簽賭或賭博。投機的定義是先思考再行動，搞混這個順序（也就是先行動再思考）就是簽賭或賭博。面對一件永遠都不會結束的事件，想證明自己的看法正確（即簽賭），其實是永遠都辦不到。而在永不歇止的過程中尋找興奮和刺激（即賭博），恐怕那個興奮程度會大到讓你消受不了。

　　制定計畫需要思考，你只能自己想，群眾是不會思考的。群眾只會吃吃喝喝，沒有所謂的「集體大腦」，所以不會思考。計畫需要規則，但群眾的行為不受規則所限，因此只要能制定計畫並切實遵行，你就不會是群眾的一員。按照你的計畫來操作，即能對自我情緒施以控制。所謂紀律，就是不能感情用事，要是不遵照計畫、不守規則，情緒就會取得主控權，於是你就會成為群眾一員。不利用計畫來控制情緒，決策終將流於情緒化。在價格時刻變化的催眠下，你就很容易受感染，進而落入先前提到的不理性群眾模式，因為

群眾就代表情緒化。因此各位不必去注意自己的每一個情緒變化，只要懂得避免那些群眾行動的特徵，自然就不會落入情緒化決策的陷阱。正如我媽常說的：「任由情緒控制行為，即是弱者。堅強的人必定要能控制自己的情緒。」要是你不刻意做到後者，那麼潛意識就會趨於前者。這正是勒龐所說的，當你成為群眾一員時，你的人格自覺，就會跟著消失。

　　接著我們詳細說明如何遵行計畫，才不會落入第六、七、八章討論過的心理陷阱。這三種陷阱不一定按照我們所說的順序出現，那只是我們在第五章時的討論順序而已。錯誤可從任一環節開始，然後形成惡性循環。比方說，你可能，一、先落入之前談過的某種群眾模型，做出某種群眾交易；然後，二、混淆不同類型的風險活動，因為只想證明自己看法正確，而成為簽賭；到最後，三、把虧損內在化，並陷入內在虧損五階段。但情況未必都是如此，你也可能有兩項順序顛倒，甚至三個順序都跟這裡討論的完全不同。到底會怎麼出現，各位可以動動腦，但一定要了解的是，不管哪一個先出現，這三個錯誤都會彼此牽引，持續惡化。

【圖 9-1】讓各位了解如果沒有制定計畫或不按照計畫施行,可能發生的狀況

▊ 計畫與客觀性

　　在市場上賠錢的「理由」（更精確地說，是「藉口」）有千百種，而**欠缺計畫或不按照計畫施行，往往就是根源所在**。況且，有計畫還可能虧錢呢，沒計畫當然更是賠得慘兮兮，到最後甚至要賠得一乾二淨。進入市場後，會找到你需要的理由來採取一些可能的行動。除非能抓到完美時機（這偶而發生但肯定不會常有），建立市場倉位後，它很快就會隨行情波動，也許是先賺後賠，也許是先賠後賺。但它在某些時候可能是虧損，這時你會說：「我當初要是先賣出而不是買進，現在就賺錢啦！」而這樣的交易連續幾次之後，你會說：「這些虧損原本都可以賺錢的啊，我本來可以賺多少又多少。」這些都是廢話嘛！不管怎麼看，你進入市場的時機都不會絕對完美，因此某些時候總要呈現失利的狀況，於是你就有許多機會做出情緒化的決策，進而導致虧損。因此，你對市場的研判必須想辦法避免「一廂情願」，也就是要有「客觀」研判的辦法，在決策時保持客觀。這就是我們需要一套計畫的原因。

　　對賭輪盤的賭客來說，客觀性是到他下注而輪盤開始轉動的前一刻為止，不過之後他會賠掉的錢也就是那些下注的額度，不會再更多了。但對市場參與者而言，客觀性是到他進入市場之前的那一刻，然而自此之後還有許多機會賠掉更

多錢。所以，你在進行交易之前，就必須先確定自己的進、出場條件，因為在此之前你才是客觀的，能夠清醒地思考這些事。在進入市場之前，你不會接受無法容忍的虧損額度，因此像虧損額多寡這種事，就必須在進入市場前就先決定。如此一來，你就不會在進入市場後，於容易情緒化之際做出決策，陷入第六、七、八章討論過的錯誤。

　　不管要做什麼決策，若想提升決策效率，就要透過計畫以保持客觀。為了要充分說明這一點，請各位看看以下例子。美國公共電視網（PBS）曾做過人體器官移植的專題報導：「拒絕捐贈器官的理由有許多種，但主要就是因為很少人曾考慮過自己的死亡，也對之毫無計畫。家族成員在事前通常也不曾討論過器官捐贈的意願。到了狀況緊急、存亡一線之際，談這個可又太殘酷了。」到那時候是不可能客觀看待這件事的，病患家屬看著病床上的摯愛，儘管身體仍然溫暖，心跳也還在，但大腦已經死亡。面對這種事關死亡的主觀痛失，家屬親朋很快就陷於內在虧損五階段。要是欠缺事前計畫，投資人和操盤手也會受到相同折磨；在危急時刻的壓力下，情緒會掌控他們的決策與行動。相反地，要是能事前制定計畫、設定客觀的研判條件，就能強迫自己分清楚思考後的決策與情緒化決策。這有什麼不同呢？思考後才做出的決策是推論演繹，而情緒化決策則是被誘導而得。被誘導即是在思考之前就行動，先建立市場倉位才做功課，所以你

會特別看重那些有利的訊息，忽略對己不利的證據。而演繹思維則是「謀定而後動」，你先做好功課、分析市場，自然能得出結論，知道是否入市、對象為何、什麼時候該買該賣。

　　另一種分辨方式是：你是因為看漲而做多，或者因為做多才看漲？**如果是做多才看漲，這就是情緒化的決策**，你會找尋各種能附和你倉位的意見和看法，以免自己看來像個傻蛋，當然更不會承認錯誤。但不管你找到什麼理由，支持自己死抱虧損倉位不放，那個破洞只會越來越大。國際知名教育專家愛德華·狄波諾在其著作《思考學習》（*Teaching Thinking*）中說：「人會利用思考，讓自己表現正確。這種現象在一些好學生的身上特別明顯，因為他們多年來的表現都比其他學生優秀，於是思考不再用於學科領域的探索，而是作為維護自我意識的手段。」看起來就跟我一樣嘛！多年來的經歷，顯示我似乎比別人優秀一點，因此我也自以為如此。以這種態度來運用思考，就像前面說的誘導決策，即先有個結論，再來找證據支持它。狄波諾的說法，正好描述我們是如何運用思考，來內化自己的市場倉位。當我們因連續幾次的成功（或獲利）而自以為了不起，潛伏的失敗也隨之萌芽，這時我們以思考作為證明自我的工具，只曉得運用它來證明自身看法正確、手段高妙，而不是決定適當的行動。至於在將虧損情緒化時，我們也會利用思考來保護自我，儘

管死抱虧損倉位不放，還淨找理由合理化自己的行為，想證明自己看法「正確」。

　　哲學家兼小說家艾茵・蘭德有一次在電台訪問時，被問到槍支管制法是否違反美國憲法第二修正案中的攜械權利，她答道：「我不知道，我還沒想過這件事。」她明明白白地坦承不知道，彷彿沒答案、沒意見，是這世上最自然的事。她可是二十世紀不世出的天才之一，是整套哲學體系的建構者，但她照樣會說：「我不知道。」與此相反的是，大多數的人們從電視、報紙、時事通訊和聊天談話中，不管是什麼議題，都能打包一大堆莫名其妙的知識立場、看法、意見、觀點和答案。等到有人詢問時，就會像卡帶放進錄音機裡，按下播放鍵重複放送。有些人甚至不必等到有人來問，就在聊天談話時自動反芻那些大概只值兩毛錢的意見，很多人對於市場的意見尤其是如此。正如勒龐所言，這種人云亦云的狀況，正是形成群眾的本質，因為群眾對所有主題都需要一些現成意見。所以，對任何事都想要有個看法、有個答案，會讓你成為不理性群眾的一員。你一旦發表意見，就是把市場情緒化，你會關心自己的對錯，因此成為群眾之一。而蘭德的做法是，在仔細思考之前，不必勉強給出答案。這種做法才能保持客觀（蘭德的哲學就叫「客觀主義」，真巧），你的思考才能用來探索可能的合適答案，而不是忙著為自己辯解。

　　各位要記住，參與市場不是為了證明自我，證明自己的對錯（這是想發表看法和簽賭），也不是要找娛樂（尋找刺激、興奮和賭博）。參與市場是為了賺錢，需要制定計畫來執行決策。要是執行得當，等待買進、賣出條件到來的過程其實挺無聊的，所以要是你開始感到興奮刺激，那就是在賭博。

　　要不掉進發表看法的陷阱，唯一辦法就是按照蘭德的做法：在你回答之前就先思考，甚至在回答之後也該繼續思考。要是有人問你對市場有什麼看法，你可以利用下列說法，以避免將市場情緒化：「根據我使用的分析方法和設定的執行條件，如果市場出現這個狀況，我就會這麼做；反之要是市場出現那個狀況，我就會那麼做。」這樣的回應表示你是以客觀計畫來演繹思考，而不是主觀看法的誘導式思考。這也表示你是客觀地觀察市場，而不會讓成功／獲利和失敗／虧損情緒化的主觀作祟。而這種回答態度，也不代表你不對自己的決策負責，是剛好相反，負起責任跟把這些事情緒化是兩回事。我們不必將市場的漲跌起落情緒化，推遲最後結果，一廂情願地希望行情好轉以證明自己正確無誤，也照樣可為決策的最後結果負起責任。

　　過去有人說過，對於市場的思考混亂，是因為語義上的混淆所造成的。你所用的話語，大幅影響你怎麼看待市場，

而且也揭示你是五種類型中的哪一種。比方說，你要是會說
「我對了」或「我沒錯啊」，那麼你就是個簽賭的，一定會
想維護自我。要是家鄉球隊輸球，你會說「我們輸啦」，就
是把自我押在那場失敗的球賽上頭。你甚至會說「我們其實
也沒輸啦」，然後找藉口：「裁判不公」或「某個好球員因傷
沒下場」，這就是把外部損失情緒化。這會造成什麼損害
呢？你要是下注 50 美元卻輸了，你照樣可以找藉口不認
輸，反正這又不會多花半毛錢，你輸掉的一樣只是那 50 美
元而已。但要是你不預先設定好在市場的虧損額度，你嚷著
「我沒錯」「我沒輸」，可是會讓你賠成窮光蛋的。

　　這個教訓就是：不管是成功或失敗，你把自我押注進
去，就要面對心理因素所造成的虧損。我們之前已經說過，
這種虧損可是災難性的，小賭變大賠，最後就成了災難。各
位請記住，愛迪生就是不把失敗情緒化，才能贏得光明的成
功（我不是故意要說雙關語）。要是不向愛迪生學習，而是
像亨利·福特那樣，把事業成敗等同自我的成敗，那就是布
了個災難的局給自己。你要是把自我價值等同於交易輸贏、
買賣賺賠和商場成敗，隨之振盪起伏，那麼你的自我必定時
時刻刻都處於危險邊緣。把自我價值綁在起落無常、自己難
以控制的因素上，那麼之後一遇到事情就只會想要保護自
我，而不知該如何決策以做出適切行動。

　　心理學家奈賽尼爾·布蘭登曾說：「人的自我形象不應

依賴特定事物的成敗，因為這些不在你的意志直接操控之內，或且也不是只有自己才能控制。要是人的自我評判標準在自己意志操控範圍之外，必定對岌岌可危的自尊帶來慢性危害。」因此，你的自我形象不在於你所完成的事物，而在於是怎麼做那些事的。各位可以這麼想：你如果是個小偷，就算偷了 100 萬美元，自己也不會覺得多光榮。但如果那些錢是你賺來的，那就很不一樣了吧。所以，不如把自我尊嚴擺在你能否客觀地設定參數條件來找尋機會，能不能切實遵守自己訂下的規則來執行。也就是說，看看自己能否選定分析方法，制定一套計畫，老老實實地按圖操作，並以這個標準來要求自我。

就像我們之前所說的，很多人在市場上賠錢並不是分析方法有問題，而是出於某些心理因素，讓他們不能切實遵守那套方法的要求。要控制這種虧損，只能靠事先制定的計畫。欠缺計畫就貿然參與市場，就像是從沒標定價的菜單上叫菜，然後讓服務生漫天要價，你只好乖乖買單。這也像是在賭輪盤時，你自己不知道投注多少錢，等到輪盤停止後，任由莊家從你那兒掏錢。要是你在餐廳、在賭場都不會這麼做，為什麼在變數更多、金額更大的市場上會如此荒腔走板？欠缺計畫的市場操作，倉位可以無限期地拖延，不但讓未來更加不確定，也會因為你的行動未加規畫而造成偌大虧

損。在行情波動、隨機出現的新聞事件和大家七嘴八舌的意見影響下，你的虧損必定越搞越大。所以，必須先有設定停損的計畫，並切實遵行，才能防止這種心理因素帶來的虧損。當然，分析方法的優劣也會帶來虧損，但這是市場交易中必定會有的正常損失。各位要是覺得那樣的虧損也大到自己難以忍受，就該回頭檢視選擇的分析方法，重新設定應用規則。但這些動作是在你離開市場後才做，在此我們要強調的重點是，不要讓虧損因為心理因素而更形惡化。

計畫的有效與否，就看是否預先設定停損以避免心理因素造成的損失，市場或市場外的活動都是如此。我想到的最近一個例子，是 1993 年 9 月某個晚上看到的新聞。美國參議員山姆・努恩對美軍派遣波斯尼亞一事曾表示：「在派兵之前，我們應先想好退場策略。」另一位參議員鮑伯・杜爾在 1993 年 10 月也附和說：「這樣做的成本是多少？你們什麼時候撤軍呢？」在啟動波斯尼亞任務之前，這些參議員就想知道這個任務會在什麼狀況、什麼時候完成。

決策之前先考慮停損，對許多事情來說都不嫌牽強，殼牌公司就把情景規畫用到許多不同領域的諸多狀況中。要更清楚說明這一點，我們可以來看個比較久以前的實例：詹森總統和越戰。

詹森的狀況，基本上就跟我一樣，過去的成功讓他志得意滿。美國政治學者理察・紐斯塔特和厄內斯特・梅伊，在

共同著作《歷史思考：決策者的歷史教訓》（*Thinking in Time: The Uses of History for Decision Makers*）中，評論「詹森派遣地面部隊加入越戰，是盲目地以為美國戰無不克、攻無不勝」。詹森在 1965 年開始擴大戰事，馬上引發學生、教師、參議員和媒體專欄作家的抗議和批評。後來到了 4 月，因多明尼加共和國內亂頻仍，詹森又派了 2 萬 2000 名美軍過去。他也派遣當時的國務卿麥克喬治・邦迪前去調解，但美軍的干預行動招來更多抗議。最後在多明尼加選出非共政權後，美軍隨即撤兵。這個圓滿結局，讓外界對詹森外交政策的諸多批評全部吃了一記悶棍。而多明尼加行動的成功讓他更形志得意滿，或許也感覺到那種點石成金的神乎其技吧，讓他更相信自己才是對的，那些反對派都錯得離譜。

　　隨著戰事擴大，美國越陷越深。對於越南狀況的監視和管理，詹森越趨苛細，甚至自己挑選轟炸地點，很多其他小事也都要他親自批准才行。他會在半夜 2 點起床（為了配合越南的時間），親自到白宮地下室的戰情室裡監看越戰的發展。詹森開始把自身成敗跟越戰勝負綁在一起，如同前述作品中所述：「詹森認為要是喪失越南，就難以拉攏盟國，也不能贏得大選」。這就是詹森把越戰情緒化了，把它視為個人聲譽的成敗關鍵。

　　並不是沒人提醒詹森要思考退場策略，也就是越戰的停損點。國務卿麥克喬治・邦迪即曾上呈備忘錄，談到美國撤

軍，這也就是說，邦迪想確認美國的停損點在哪。國務次卿喬治‧鮑爾在 1964 年 10 月的內部備忘錄也指出越戰是個失敗。鮑爾知道這個失敗只是一場戰事的失利而已，但遺憾的是，質疑美軍的作戰能力，就是挑戰詹森的尊嚴。

　　這也不表示阿貓阿狗的顧問說什麼，詹森都要聽從。只是各位看到這個例子，就知道任何決策者都可能跟我一樣，掉進同樣的陷阱裡。詹森沒有準備好退場策略，也不能在客觀決策下制定完整計畫。事實上，根據他某位助手指出，「詹森的習慣就是自己做出決定後，才讓它像是經過協商和討論的結果」。這也就是誘導式的決策。原本應該是從一張白紙開始，先分析情勢，經由推論、演繹才能做出決定，但他是先得出結論，先建立市場倉位，再來找證據支持它。把這些狀況合在一起，各位就能看到一個情緒化決策的範例。他把過去的成功情緒化、內在化，而認為自己涉入就能保證現在這件事情也會成功。因為他把整件事都情緒化了，失敗就成了自身的錯誤，這是他的自尊所不能接受的，於是之後的決策，都是為了保護自我。就像狄波諾所言，其思考成為自我保護的工具，而非客觀決策的手段。因為沒有制定包括退場機制的計畫，他就跟我在黃豆油慘事中一樣，淪為犧牲品。他情緒化地看待越來越大的越戰虧損，不知謹慎作為而只想證明自己正確，最後就被那些情緒化的決策搞到焦頭爛額。那麼，詹森應該怎麼做才對呢？學者理察‧紐斯塔特和厄內

斯特・梅伊指出，詹森應先評估戰事失利的風險，預先制定計畫來控制它：「對於邦迪提出『責任界限』的問題，總統也應該多加思考。詹森應該在1965年就要開始思考，設定某些條件，到時要是這些條件沒有達成的話，1966年要怎麼對人民發表演說。總之，他應該要對自己的假設做些測試，這是決策者都必須常常做的事。」

確實寫下計畫

　　制定計畫後，各位也要設定某些條件，先寫下條件未達成時，你會怎麼做。要像準備講稿的作家一樣，確實用筆寫下。有白紙黑字在眼前，最能預防你在無意中或潛意識地違反原定計畫。這是讓思考變得客觀，不受自身情緒影響的辦法，如此才能釐清自己的責任。

　　最後，來看看全美獲利數一數二的金融機構：證券公司摩根士丹利的例子。於1986年從合夥事業轉為公開上市以來，摩根士丹利是上市券商中股東權益報酬率最高者。這是因為該公司不管對於好消息或壞消息，都熱中制定應變計畫，因此得以避免災難、抓住良機。對於可能碰到的種種假設狀況，都會要求員工設想最壞發展，確實寫下詳盡應變計畫。而這些假想的計畫，全部編入公司的「藍皮書」裡。摩根士丹利一位主管忍不住抱怨說：「我們不停地寫那些傻蛋藍皮書，肯定是有些綁手綁腳。」但他也聳聳肩地承認；「但

我們沒犯任何錯誤。」摩根士丹利是否犯過錯誤固然可以討論，但其錯誤都在控制之內。這家公司努力做計畫，而且確實寫下來，便得以避免一些災難發生。

—— 終章 ——

拿到好牌，才留下

在學會遵守之前，違反規則誠屬不智。

—— 艾略特，美國詩人

好萊塢影星史提夫・麥昆在 1965 年主演的《龍蛇爭霸》（*The Cincinnati Kid*），是歷來最經典的撲克牌賭博電影。片中最高潮，是史提夫・麥昆（飾辛辛那提小子）和愛德華・羅賓遜（飾賭王）最後那場梭哈對戰。當時這場賭王爭霸已經連戰數日，其他玩家紛紛落敗後，只剩麥昆想靠勝者通吃的梭哈牌，拉下賭王羅賓遜。

發了三張牌時，麥昆兩張翻開的牌是一對 10，所以他一次就下注 1000 美元。羅賓遜那兩張牌則是方塊 Q 和 8，算是很糟的牌，但他跟進而且也加碼 1000 美元，彷彿他手上那張蓋著的牌也是 Q，或以為自己會拿到同花順。也許他

只是在吹個世紀大牛皮而已。下一張牌，羅賓遜是方塊
10，而麥昆是梅花 A。麥昆再下注 3000 美元，這一手很漂
亮，羅賓遜也跟進加碼。想來羅賓遜是要賭同花順，畢竟目
前的局勢可不是一對 Q 就篤定能勝出的，不然他就是在虛
張聲勢。羅賓遜的第五張牌是方塊 9，而麥昆是黑桃 A，因
此麥昆把面前的 3500 美元都押上去。羅賓遜說：「小子，拿
到那張 A 肯定讓你很爽吧，我跟進你的 3500 美元，另外再
加碼 5000 美元！」

　　如今，要是不能跟進就只好打包回家，除非對手收下你
的籌碼借條，讓你先欠著。這時的麥昆已經沒錢了，他若想
繼續下去，籌碼借條就得押給羅賓遜。所以麥昆就把它押給
羅賓遜，當作 5000 美元的借條。羅賓遜唯一能打敗麥昆的
牌，只有方塊 J。麥昆要求羅賓遜現出底牌，真的是一張方
塊 J，麥昆的臉色看起來就像快吐了。他全輸光了，雖然麥
昆拿到葫蘆，三張 A 跟一對 10，但仍不敵羅賓遜的同花順。

　　發牌的荷官不敢相信這手牌竟是這麼打的，她對羅賓遜
說：「你那時只拿到三張同花，就敢一直加碼啊？」她說的
沒錯，羅賓遜當時湊成同花順的機會可說微乎其微，不該那
麼下注的，而且眼前麥昆有一對 10 啊。而且就算只是湊成
兩對都很難贏了，何況對手的牌型是葫蘆。

　　「我想，這就像人生，有時會在對的時刻做出錯誤舉
動，但最後的結局還是好的，對吧？」羅賓遜對荷官說。

　　撲克牌賭客的風險，在於不知道自己和對方會抽到什麼牌。當我們玩撲克牌賭錢時有兩種策略，你也許希望對手知道你有什麼牌（紀律嚴格玩家）；也許不希望對手知道（鬆散玩家），或想誤導對手以為你有什麼牌（也是鬆散玩家）。厲害的撲克牌賭客，就是一會兒扮豬、一會兒扮老虎。也就是說，巧妙運用這兩種策略的不一致，才是求勝關鍵。紀律嚴明的賭客是除非拿到一手好牌，不然不會繼續玩到底。他也許下注之後，看形勢不對就收手。於是大家就會知道，如果他會繼續玩下去，肯定是手上抓著好牌。要是大家都以為他總是要抓到好牌才肯玩，那他偶而就能虛張聲勢，唬人得逞。

　　比方說，我玩五張牌的梭哈，手上現有兩張牌，翻開的是一張 J，而蓋著的是一張 3；而其他玩家翻開的牌裡，有人有老 K。對方押 5 美元，我跟進且加碼 10 美元。要是大家以為我都是抓到好牌才繼續玩，那麼現在他們一定以為我有一對 J。所以現在大家是跟一對 J 對抗，即使我其實沒這副好牌。因為大家以為你要抓到好牌才會繼續打，所以你就有唬人的機會。要做到這點，你之前必定蓋牌棄權很多次，而且你如果繼續玩到底，就一定會贏，或至少牌都要夠好。要建立這種形象，你半途蓋牌的次數必定比玩到最後多很

多，只要留下就一定會贏。這種玩法會讓你省下不少錢，因
為手上牌不好時便趁早離場，反而還有機會偶而虛張聲勢一
下。另外，鬆散玩家則常借勢唬人，也許是故意好牌押小
注，或者故意牌面不好時反而重押，所以要是大家知道你經
常吹牛，那麼一旦有好牌在手時，也許就能趁對方放下戒心
時予以痛宰。

　　跟撲克牌賭客一樣，投資人也是在不知道個別企業、股
市大盤或整個經濟情勢將如何表現的狀況下，拿自己的錢冒
險。不過，賭客雖是運用策略不一致來取勝，但市場交易的
成功關鍵，其實是嚴守紀律的一致性。雖然制定計畫並切實
遵行也不保證成功、萬無一失，但想前後一致地控管虧損，
就需要一套計畫。我們不必學習撲克牌玩家唬人那套，但紀
律嚴謹的玩家則頗有可學之處。是哪個部分呢？他建立聲譽
的方法：**拿到好牌才留下，牌不好就離場**。你應該採取什麼
行動早都計畫好了，當市場倉位狀況不錯時就會繼續執行，
否則即按計畫停損出場。你大可認賠，沒什麼好擔心的。你
就是按照計畫，嚴守規則，情況有利就繼續留下，否則就認
賠出場。要是丟棄紀律，想要虛張聲勢，最後也許會賠得一
乾二淨。

　　藉勢虛張，自是氣勢多於實質。要是蓄意打破規則，對
市場虛張聲勢，到最後賠大錢的也還是自己。也許多次違反
規則仍然僥倖得逞，但若抱著賠錢倉位，死撐待變，結果行

情真讓你盼回來了，那你又學到什麼呢？你學到的是，做錯事也照樣有回報，所以你以後還會重施故技。問題是，你分不清何時違反規則是安全的，何時又是危險的。

　　沒錯，有時打破規則照樣能獲利。做「錯的事」可以得到獎賞；因為錯誤理由卻做「對的事」也可以得到獎賞。像這樣的狀況，我在早年幹得可不少。但要是你在市場中不斷做錯事還得到獎賞，這些獲利都跟你主動設定的計畫或規則無關，而是成為心理學家所說的隨機獎勵計畫，也是最能讓人重複做出特定行為的計畫。比方說，心理學家想讓猴子重複按鈕，因此在猴子按鈕幾次之後即給予食物獎勵，例如每按五次或三次即給予食物。這個實驗也可以設定為不固定次數，例如第一回須按五次；第二回按七次；然後又變為三次或十二次。當獎勵條件變得不固定時，猴子會更熱中於按鈕，以為一直按就會有食物。

　　我這輩子做過最好的交易之一，是有一次拋空黃金虧損8000美元，當時金價一路挺升到每盎司875美元，而我是在350美元認賠出場。1979年8月初的某日，金價有史以來首度突破每盎司300美元，當時我覺得這個價位實在是太荒唐，所以在310美元下了兩口空單。下完單後，我又遞了一張停損單給某個朋友，請他在金價衝到317美元時幫我回補。然後我就離開交易大廳，跑到會計師那邊趕在8月15日延期截止前，搞定1978年度的報稅。當天稍晚我正跟會

計師忙著的時候，接到祕書來電，說芝加哥商業交易所要召
開緊急董事會議（我是董事成員）。那時美國的黃金市場已
收盤，但香港金市開盤後跳升 50 美元，因此董事會要投票
表決，是否將芝加哥金市的漲跌幅限制從每天 10 美元調升
為 30 美元（當然，這個投票表決我迴避了）。

　　關於那次交易，可以說我就是做了「正確的事」，我為
交易做了計畫、設定停損、進入市場，然後維持停損條件不
變。但是我沒改變停損條件，其實是因為我遞單請朋友處
理，所以不好意思再去要求取消。因此，我實際上是因為
「錯誤」的理由，而做出「正確」的事。然而，我當時並沒
有從這次經驗學到正確的教訓。其實我也不喜歡設停損，但
既然設了，要再去說：「我太蠢了，我想取消停損單，繼續
保持空倉」，我又說不出口。我從那次經驗學到的是，我寧
可沒賺到錢，也不想讓自己這麼尷尬。因此我跟心理學研究
裡的猴子一樣，因為有時賺、有時賠，就拚命按鈕，卻不知
為何會賺、為何會賠。

　　如果在市場上做出「錯誤的事」（也就是打破規則）還
得到獎勵，我們就會一直重複做那件事，而這跟賺錢的交易
或投資也許有關、也許無關。要是你不知道交易之所以獲利
的原因，自然也就不曉得要重複哪些行為才能創造獲利（或
避免虧損），那麼日後你總會因此而倒大楣，而且至少會倒
楣一次。但到底是這一次、下一次，還是以後的哪一次？你

不會知道，但你一定會因此而倒楣的。要是還想對市場虛張聲勢，以為它會怕你，遲早會把錢賠個精光。要是你偏離自己訂的計畫，就等於點燃爆炸的引信。在這次或那次的戰鬥中，這顆炸彈也許沒引爆，但只要還沒離開戰場，遲早會在你面前爆炸。

▌ 假如……？

羅賓遜所說的「在正確時刻做出錯誤的事」，等於是在說「偏離計畫，以預感、感覺或直覺為基礎來做決策」。就像是學校的選擇題測驗，你不知道答案，所以憑直覺來猜；也像是康拉德玩百家樂，感覺時間到了，要開始連勝了，就加倍押注。

但市場可不是讓你「在正確時刻做出錯事」的地方。一旦不按照計畫施行，就會觸發潛在的心理因素，造成偌大虧損。各位一定要堅定遵守計畫，這件事再怎麼強調都不為過。各位在本書中如果什麼收穫都沒有，也一定要記得自己需要制定計畫，那麼偏離計畫時總會察覺吧。各位在讀這本書之前，也許對此一無所知，如今至少在偏離計畫時你會曉得吧。而各位在讀完這本書之後，也不能忽略一件事：在未來的某個時候，一定會偏離計畫、打破規則。即使下面這些話看起來似乎跟本書主張制定計畫相違背，但要是我不在此

提供最後一個建議，那就太失職了。因為我知道各位也都是凡人，所以一定會在某個時候背離自己制定的計畫。

我在此提供一個祕訣，要是各位已偏離計畫、打破自訂規則，不妨就依照直覺下判斷。各位要記住：投機（包括投資和交易）是人類從事的行為中，唯一會讓你覺得爽，也剛好是正確的事。

我們都知道不該吸菸，但很多人照抽不誤；我們都知道不要喝太多酒，很多人也照三餐暢喝不誤；我們都知道不要開快車，但很多人仍舊情不自禁。我們都知道這些事情對自己沒好處，為什麼還是照做呢？因為感覺很爽啊！抽菸、喝酒、開快車，都是因為覺得很爽嘛！但我們從小就接受教誨，事情不能覺得很爽就去做。但說到在市場裡表現的行為，我們就是要覺得很爽，才做。要是你偏離自訂計畫，然後行情開始對你不利，要是我問你：「如何？這樣你覺得很爽嗎？」你會怎麼說？你一定會說：「才不！一點都不好玩。看著價格直往下掉，是爽個屁啊！」這時候，就要做讓你覺得爽的事，就是**退場**。

在市場上，痛苦和成功剛好站在對立面，因此你要是痛苦，就趕快離場。如果你做多，且價格正在上漲，這感覺很棒吧？這時你該怎麼辦？當然是緊抱持股，繼續爽下去啊！讓你覺得很舒服的倉位，就繼續抱著；要是開始覺得不妙，就退出。自己心情不好的時候，總不可能什麼都感覺不到

吧。所以在覺得感受不好的時候，就別再繼續了，就這麼簡單。

—— 後記 ——
先找出失敗的原因，
知所趨避

　　在前言中我們談到亨利・福特把過去的成功情緒化，導致看法頑固、連番失著，而虧損近 10 億美元。不過像這種因將過去成就情緒化導致巨大虧損的例子，也不只是亨利・福特一人而已。

　　英國企業家弗雷迪・雷克爵士，在 1977 年創辦橫跨大西洋兩岸的廉價航空服務：天空列車（Skytrain）。雷克的經歷是一介工廠提壺倒水小弟功成名就的經典故事，因為刻苦耐勞、努力付出，後續像一架噴射機一樣一飛沖天，變成百萬富翁。為博取更多財富和名望，他成功讓旗下飛機在英、美兩國之間航行，也和國際航空業聯合組織：國際航空運輸協會（International Air Transport Association）合作。雖然天空列車當時只在北大西洋航線服務，但很快就會擴展到其他航線。這位商業鬥士只要再拿下幾個國家或組織的代表權，版圖擴張自是水到渠成。

　　但在匯率變化和美國政府禁止所有DC10型飛機飛行等諸多因素干擾下，在1979年的假期高峰剛開始時，卻傳出雷克財務吃緊消息。在雷克的公司看似烏雲密布之際，他嚴厲駁斥財務吃緊傳聞：「沒有，我沒破產！」（聽起來像是五階段的否認嗎？）儘管後來發現公司籌不出1981年9月到1982年3月要償還的4800萬美元本金和利息，他還是否認財務吃緊消息。雷克怒斥銀行家，說他得好好教他們怎麼工作才行：「我在航空業已經達成了創新。現在，我得在銀行業好好創新一下。」他如此吹噓（聽起來很情緒化吧？像是不理性群眾決策時的聲譽階段）。直到最後時刻，弗雷迪‧雷克爵士都還以為事情必會有所轉圜，他的航空公司也不會破產。結果事與願違，1982年2月4日星期四，早上8點鐘，這位企業家只能恭候清算人的大駕光臨。

　　我們再來看看個人電腦先驅和創意奇才史蒂夫‧賈伯斯的例子。儘管欠缺正規電算訓練，賈伯斯在這方面卻擁有非凡天賦。他不受傳統思考的拘束，預見個人電腦的革命，證明他的確擁有先見之明。他先是開發出非常成功且受歡迎的第二代蘋果電腦，又繼續領導團隊，激勵員工，開發出最負盛名的麥金塔個人電腦（Macintosh）。《華爾街日報》說他「對自己的天分深信不疑」，這個信念讓他幫蘋果電腦公司繳出亮眼表現，卻也為日後他在NeXT電腦公司的失足種下病根。雖然管理顧問一再警告公司策略大有缺陷，他仍然頑

強堅持自己的遠見。但這次賈伯斯的願景失靈，NeXT 公司就是無法轉虧為盈，已經燒光股東的 2 億 5000 萬美元。

最後我們來看看羅伊・雷蒙德的例子，他創辦的公司是優雅誘人的女用內衣連鎖店「維多利亞的秘密」（Victoria's Secret）。1982 年，他以 200 萬美元價格，把這個生意賣給服飾大廠里米提（The Limited）。雷蒙的一位朋友說：「羅伊一向覺得自己是金剛不壞之身，任何東西經他巧手一碰就變黃金。」結果他轉進高級童裝店，卻以破產收場。

▎面對市場，務必冷靜求穩

這些人都以為成功必定在「我」，以為此後可以一直成功下去。而另一種例子，可以來看看可口可樂公司前執行長羅伯特・古茲維塔。他在 1981 年升任可口可樂董事長，提出「1980 年代大戰略」，展現「可口可樂服務多元化，擴充產品線，以符合消費者對我們的形象要求」的雄大企圖。

當時包括媒體在內，也沒幾個人把他的話當真。於是在 1983 年，可口可樂公司收購哥倫比亞影業公司（Columbia Pictures）時，大家都傻了。金融分析師不看好這筆交易，宣稱「他們買得太貴，況且，可口可樂哪會拍電影啊？」可口可樂的股價幾天之內就下跌了 10%。然而那一年後來的發展，讓批評者不得不承認可口可樂（還有古茲維塔）可一

點也不笨。哥倫比亞公司連續推出三部強片：《窈窕淑男》（*Tootsie*）、《甘地》（*Ghandi*）和《玩具》（*The Toy*）。古茲維塔甚至提出一個被公司大多數人認為是離經叛道的構想：讓其他飲料冠上「Coke」這個崇高的名字。事實上早在1960年代初期，該公司就有幾個人大膽提議讓開發中的低卡飲料「泰伯」（TaB）冠上「Coke」，結果受到當時執行長約翰·保羅·奧斯汀的譴責。二十年後，奧斯汀的繼任者直接提議讓低卡飲料冠上「Coke」的名字。「健怡可樂」（Diet Coke）果然一炮而紅，超越公司所有人的預期。

　　到1983年年底，古茲維塔覺得自己在世人眼中已獲平反。吸金機哥倫比亞影業公司在成為可口可樂子公司後，首年獲利高達9100萬美元。在健怡可樂獲得無與倫比的成功後，該公司也在1983年迅速推出無咖啡因的可口可樂、健怡可樂和泰伯汽水。古茲維塔證明可口可樂公司能夠順應時勢、創造潮流，這個巨人只要一出手，就會成為區隔市場的主導者。在1983年《商業周刊》春季號，古茲維塔被《廣告周刊》（*Ad Week*）封為「年度行銷人」，也受《鄧恩商業月刊》（*Dun's Business Month*）的稱讚表揚，提名參與「全美最佳五大企業」的角逐。古茲維塔的勝利真是錦上添花，他若想睥睨當世，洋洋自得，絕對不會找不到理由。但他在1983年時也說：「一家公司如果好到像我們這樣，就會有一種危險。那就是，要是以為我們不會犯錯，那我們就會犯

錯，而且是犯下大錯！」

　　1985 年古茲維塔決定改變可口可樂的祕密配方。他在可口可樂公司擔任化學家多年，早就想更改可樂的調配祕方。1985 年 4 月 19 日，他召開記者會宣布更改配方。古茲維塔說這是「包裝消費品產業史上最大膽的行銷創舉」，還說是「有史以來最穩健的行動」。這個決定馬上引發媒體和大眾反彈，《商業周刊》說那是十年來最大的行銷錯誤，很多人都同意這個說法。但古茲維塔卻認為他會向所有質疑者證明可口可樂的業界領導能力。

　　古茲維塔會不會是情緒化地看待過去的成功呢？他會不會也有「點石成金」的症狀？過去他也曾做出幾個不受贊同的重大決策，但最後都證明他是對的。但他不像福特、雷克、賈伯斯和雷蒙德將之前的成功情緒化，因此他能承認且接受「虧損」。他不將這件事當作是個人的意氣之爭，沒有選擇戰鬥到底，一路走到昏天黑地。他發現完全改變配方是個不利的訴求，於是馬上認賠收手，繼續前進。他明快處理殘局，以可口可樂經典款為名重新推出原來的配方，而且在這個收復失土的過程中，甚至又提高可口可樂的市占率。

　　為何古茲維塔不會掉進陷阱，招來致命錯誤呢？是因為他是一位管理者嗎？不是。我們很快就會看到，管理者都很容易情緒化。福特、雷蒙德和剛剛談到那些掉進陷阱的人都是創業家，所以是創業家很難轉變為經營者角色嗎？也不

是。創業家轉變為成功經營者的例子也有很多，像聯邦快遞（Federal Express）的佛瑞德‧史密斯、微波通信公司（MCI Communications）的威廉‧麥高文和微軟的比爾‧蓋茲都是。那麼，古茲維塔和其他人的差異在哪？其他人就像哈佛商學院工商管理教授威廉‧沙曼所說的：「我看過一些人，在某個時間的某個地方，提出一個好點子，而達到驚人的成功，但之後就完全不曉得要幹嘛。他們既不是好顧問，也不是會將經驗重複運用的企業家。因為過去的成功，而經歷一個過程，於是以為自己是個天才。」沙曼所說的「過程」，也就是本書一再申明的「把成功內在心理化、情緒化」的過程。古茲維塔避開了那個過程，但其他人沒有。他並未將個人價值與事業想法的成敗看做是同一回事。所謂內在和外在的虧損，他分得很清楚，也沒有以情緒化的心理狀態來看待過去的成就。他知道做出正確舉動和證明自己正確，是不一樣的兩件事，也因此避免了情緒化。而這，就是成功決策者與那些不太成功的人的差別。

　　儘管古茲維塔基本上算是個經營者，其他幾位都是創業家，但他們一樣都是在工商業界裡負責決策的人，以控管風險、提升獲利為目標，而不是光想著證明自己是對的，以滿足自我。各位一定要記住：光是知道市場為何漲、為何跌，也賺不到半毛錢。不管你是否知道特定某日市場會漲會跌，都必須要有一套計畫來利用市場行情的波動起伏，才能賺到錢。

▎不需證明自己是對的

　　《哈佛商業評論》（*Harvard Business Review*）曾有一篇文章說：「優秀業務員需要一種必要的特質，就是要有獨特的自我要求，想要以滿足個人情感或自我尊嚴來做成買賣，不會只是為了賺錢而已。在做成買賣、減少失敗的過程中，他的自我形象也隨之樹立。」但這種特質，對於投機者和其他任何類型的決策者，都特別不利。了解到這一點後，我也就明白為什麼過去當業務員時可以賺很多錢，當個交易員卻一毛錢都賺不到。還記得我後來想把錢賺回來卻白費一番功夫，那時才了解到自己根本不算個操盤手嗎？我過去一直是個很棒的業務員，在正確時間站在正確位置，但從來就不是個操盤手。

　　不過這也不是說業務員就不能成為操盤手，或者說業務員就不能當個經營者或創業家。其真正意義在於，就業務員（或號子的營業員）的動機而言，需要制定一套計畫來預防情緒化。把自己或客戶的倉位情緒化，就像我搞垮克里夫蘭辦公室後，把客戶的虧損內化成自己的意氣之爭。業務員對於自我尊嚴的要求，也很能說明業務員通常會是差勁的操盤手。為什麼呢？因為業務員的目標就是完成銷售，當他面對客人的否定和拒絕時，必須想辦法證明自己是對的。但投機者是以賺錢為目的，並不需證明自己是對的，或對抗市場的

否定。面對詰難而想證明自己是對的，這種自我尊嚴的滿足是業務員所需，卻是投機者和經營管理者都要避免的。要是把個人尊嚴和事業成敗、倉位盈虧綁在一起，萬一真的發生虧損時就會不想承認，如圖 9-1 所描述的那樣。只要是心理因素造成的損失，情況莫不如此，不管損失金額大小（1000 美元或 100 萬美元），也不管發生場域為何（也許是交易市場或其他產業）。比方說，《會計研究雜誌》（*Journal of Accounting Research*）在 1989 年的研究指出，經營者「不願放棄他們推動的計畫，是因為會對自身管理能力帶來負面觀感」，而且「要是出售某項資產會對個人帶來負面觀感，經營者也會選擇不出售」。這個研究還發現，像這樣的經營者卸任交棒後，其「繼任者不必再考慮前任的聲譽，也就沒理由再保留那些資產，因此會很快地處理掉」。繼任者可以客觀評估，但前一任就沒辦法。這告訴各位什麼呢？經營者和企業主管，都可能把事業計畫跟自我綁在一起，因為把整件事情情緒化，也就像投機者將倉位情緒化一樣，更容易蒙受心理因素所造成的虧損。

　　身為投機者、創業家或經營者，各位也必須了解，同樣是「堅持某個想法」，其中還是有些細微的分別，不可不察：是這個想法真的很棒，或只是因為「你」覺得這個想法很棒？前者是客觀；後者是主觀，而且往往就是因為之前的成功而造成情緒化。在第一種情況中，你是檢視證據、經過推

論演繹，才做出決定。這個決定具備事實的支持，而且也擁有務實的退場規則：要是特定條件無法達成，你認為它就不再是個好點子，也就欠缺證據支持原來的決定。而第二種情況是先做出決定，也不會有退場策略，只是被決定所誘導，事後再找證據來支持它。前者是運用思考來探索各種可能性，最後自然得出結論；後者則是運用思考來捍衛自己之前表達的意見，這是為了保護依附在意見上的自我尊嚴。

　　要是你沒搞懂上述關於「堅持」的區分，也許會以為想要當個成功創業家，就是相信自己的想法，然後承擔執行風險。畢竟，這不就是創業家要做的嗎？他們就是要承擔風險啊！有些創業家願意承擔非常大的風險，大到像不怕死一樣。可是他們真的是在尋找風險嗎？

　　《商業周刊》1993 年 10 月的贈閱專刊中，報導了一位推廣極限滑雪運動的「創業家」史考特‧施密特。他從 60 英呎高的懸崖表演滑雪跳躍，滑雪設備公司會提供贊助，更有人幫他拍攝跳躍影片。他也會從滑雪遊客輸送椅上一躍而下，像個不要命的瘋子。其實他的每次跳躍，都是經過精心策畫，選定跳躍和著陸點。他這些前所未見的做法，已為極限滑雪「產業」開創出一條路。有些人比他更大膽，卻都死了。施密特可不認為自己大膽無畏。

　　以他的做法來說，施密特可不魯莽，他會先畫出進、出場圖（即做計畫），他不是在找風險，而是管理風險、降低

風險。

再看看白手起家的億萬創業家克雷格・麥考。儘管表面上看來有些矛盾之處，麥考行動通訊（McCaw Cellular Communications）的創辦人兼董事長克雷格・麥考堅稱他和公司裡的人「一直都厭惡風險」。而他開展事業的方法是怎麼來的呢？從一種遊戲開始（聽起來很熟悉吧）。他的父親艾洛伊・麥考也是個創業家，克雷格早期就跟著父親東奔西跑做生意，也跟他學下西洋棋，從中領悟到退場策略的觀念。克雷格說他們做的每一筆生意都留有後路，只是大家看不到而已。這又是本書一再談到的「停損」（即退場策略）之所以必要的另一個例子。

▌判斷、降低和控制風險

在交易市場適用的道理，在一般商場也適用。市場上有很多種賺錢方法，在商場也是如此。沃爾瑪量販店創辦人山姆・沃爾頓有他的賺錢方法，名牌精品古馳（Gucci）則用另一種。各位可翻翻美國企業年鑑，就會從那些知名創業家與商業人士見識到許許多多不同的個性和方法，他們的企業結構和規模大小也都不一樣。有些是依靠團隊努力，有的是單打獨鬥。有些人一開始就很有錢，有些則否。像這樣的不同之處，說也說不完。而這些成功創業家和優秀的企業經營

者，在賺錢方面也沒什麼固定模式。大家會以為他們的共同點是承擔風險，但他們其實都擅長判斷、降低和控制風險。克雷格‧麥考知道這一點，但史蒂夫‧賈伯斯呢？經過八年時間，NeXT 公司燒光了 2 億 5000 萬美元，卻沒做出成功的產品，也欠缺持續獲利能力。這個案例的退場點在哪？億萬富豪羅斯‧裴洛和佳能公司（Cannon Inc.）原本出資 1 億 2500 萬美元投資，當時他們就曉得虧損會來到 2 億 5000 萬美元嗎？如果事先就曉得，那很好；若不知，那又是什麼原因阻止虧損惡化為 3 億 5000 萬美元呢？不管什麼產業的經營者，都必須能夠勇於承擔虧損。

投資銀行貝爾斯登（Bear Stearns）執行長艾倫‧格林伯格曾說：「能承擔虧損，才是個操盤手。」這跟我們之前所說的一樣，虧損本來就是做生意必會出現的事，要想完全沒有虧損，還是趁早收山吧。貝爾斯登每周都會開一次「冷汗」（cold sweat）會議，逼操盤手交待倉位狀況。公司可以容忍虧損，但不喜歡驚喜。開會時，公司會逼問某個倉位狀況，和投資失利的承受底線。操盤手會說明幾種可能狀況，以及伴隨而生的虧損。所以一旦倉位惡化、虧損額激增，就算是千萬美元以上，也能照樣從容不迫、氣定神閒。因為像這種狀況他們早就準備好了，虧損額都在停損點內，假如行情好轉的話甚至還能賺錢。但各位要了解的是，他們可以容忍虧損倉位繼續，是因為還沒達到原先設定的停損額度，而

不是想要裝無事、裝聰明或想證明自己正確。各位請記住，
我們參與市場——各種市場——不是想滿足需要（即解決問
題），就是想滿足欲望（即讓自己感覺良好）。管理風險就是
解決問題，絕不是為了感覺良好、讓自己看起來很聰明或想
證明自己正確。

　　不管是哪種風險承擔，投資、企業經營或創業活動，都
要先留意虧損的問題（甚至賭博也是如此，賭客先決定自己
要押多少，知道虧損會多大，才真的開始賭；而不是下注後
任憑荷官或莊家宰割）。各位要怎麼決定虧損，如何控制及
讓虧損最小化呢？你必須要能夠做出客觀的決策，制定一套
計畫，而且在計畫一開始時就先設好停損。

　　本書主旨不是要找到什麼成功投資公式，而是希望帶領
大家先找出失敗的原因，然後知所趨避。王安電腦創辦人王
安曾說：「我的信念是，成功絕對沒有『祕訣』！」失敗的
公式不是因為欠缺知識、腦力、技能或不夠勤勞，也並非欠
缺運氣，而是情緒化地看待虧損，尤其是在先前享受一連串
的勝利和獲利之後。一旦虧損出現，就等於要你否定自己，
於是你將會拒絕承認失敗，也不願接受虧損的事實。

—— 附錄 ——

- 吉姆‧羅傑斯對於索羅斯基金的成功有著一半的貢獻（另一半當然就是喬治‧索羅斯）。在他參與操作的 1969 年到 1980 年期間，基金成長了 3365％，而同期標準普爾 500（S&P 500）指數複合成長率只有 47％。

- 馬丁‧舒華茲是位獨立的專業操盤手，在美國交易冠軍賽（U.S. Trading Championships）中表現傑出而打開知名度。他曾參與十次四個月期的賽程，其中九次所賺到的錢，比其他所有參賽者的獲利總和還多，其未轉換為年率計算的平均報酬率為 210％（剩下的一次則是不賺不賠）。

- 約翰‧坦伯頓堪稱全球投資界大老。他的投資紀錄顯示，三十一年間的平均年成長率為 15％，同期標準普爾 500 指數僅 7％。他在「退休」前，仍管理 60 億美元的坦伯頓基金。

- 威廉‧歐尼爾在 1958 年進入證券業擔任營業員，1962 年至 1963 年間靠著連續三筆交易，讓 5000 美金資產膨脹為 20 萬美元。最後還自己發行《投資人商業日報》（*Investor's*

Business Daily）。晚近十年中，其平均投資年報酬率達 40%。

- 華倫·巴菲特在 25 歲時，以 10 萬美元創辦巴菲特合夥有限公司（Buffett Partnership, Ltd）。1969 年他趁著市場投機高峰，清算了該公司，當時市值 1 億美金，他分得 2500 萬美金，而其他投資人的最終獲利也都是原本投資額的三十倍。如今他經營的波克夏·海瑟威（Berkshire Hathaway）公司也非常成功，其高明投資眼光讓眾多投資人同蒙其利。擠身「富比士全美四百大富豪」（Forbes 400）之列，就是他投資成就的證明，其身價約達 10 億美元 [1]。

- 彼得·林區在 1977 年至 1990 年間，曾執掌有史以來最大的共同基金，富達投資公司（Fidelity Investments）的麥哲倫基金（Magellan Fund）。他於 1990 年 1 月退休前，薪酬之高在全球投資基金從業人員中也是數一數二。要是他在 1977 年開始控管基金時投資 1 萬美元，到 1988 年時會成長為 20 萬美元。

- 保羅·都鐸·瓊斯擔任期貨營業員的第二年，其佣金收入即超過 100 萬美元。1980 年他跳槽到紐約棉花交易所（New York Cotton Exchange）在交易大廳自營操作，幾

1　2020 年的榜單，巴菲特名列全美第四大富豪，身價約為 735 億美元。

年下來就賺了幾百萬美元。要是在 1984 年至 1988 年投資以他擔任董事長的都鐸投資公司（Tudor Investments），那麼每投資 1000 美元便可成長為 1 萬 7000 美元。

• 邁可‧史坦哈特擁有投資史上最好的二十年期投資紀錄。如果是在 1967 年投資 1 萬美元到他的避險基金，二十年後會成長為 100 多萬美元，年複合成長率平均達 30%，同期間的標準普爾 500 指數只能使 1 萬美元成長為 6 萬 4000 美元。

• 羅伊‧紐伯格是路博邁集團（Neuberger-Berman & Company）的董事長。1929 年他從華爾街股市的跑單員做起，幾年後開始自營操作，讓原本的 3 萬美金資產成長至數百萬。

• 伯納德‧巴魯克早在 1920 及 1930 年代，以 32 歲之齡在華爾街獲利 300 萬美元。他的投資風格是，若在股市中賺到 100 萬，就會將這筆錢拿來冒險賺第二個 100 萬，更因此累積出 2500 萬美元資產。

• 威廉‧江恩即使不是歷來最優秀的投資者，至少也是 1920 及 1930 年代中，最厲害的期貨和股票操盤手之一。曾有人分析他的交易紀錄後發現，在 25 個交易日裡他做了 286 筆交易，其中 264 筆都賺錢了。而只是這麼一小段期間，他就把區區 450 美元資本膨脹為 37000 美元。

國家圖書館出版品預行編目（CIP）資料

一個操盤手的虧損自白：長銷 30 年的獲利經典／吉姆・保
羅（Jim Paul），布南登・莫尼漢（Brendan Moynihan）作；
陳重亨譯 . -- 初版 . -- 臺北市：今周刊出版社股份有限公司，
2022.05

　　面；　公分 . --（投資贏家系列；58）
譯自：What I learned losing a million dollars
ISBN 978-626-7014-47-9（平裝）
1. CST：期貨交易　2. CST：投資心理學

563.534　　　　　　　　　　　　　　　　111002746

投資贏家系列 058

一個操盤手的虧損自白
長銷 30 年的獲利經典
What I Learned Losing a Million Dollars

作　　者　吉姆‧保羅（Jim Paul）、布南登‧莫尼漢（Brendan Moynihan）
譯　　者　陳重亨
編　　輯　許訓彰
校　　對　蔡緯蓉、李韻、許訓彰
副總編輯　許訓彰
封面設計　萬勝安
內文排版　藍天圖物宣字社
行銷經理　胡弘一
企畫主任　朱安棋
行銷企畫　林律涵

出 版 者　今周刊出版社股份有限公司
發 行 人　梁永煌
社　　長　謝春滿
副 總 監　陳姵蒨

地　　址　台北市中山區南京東路一段 96 號 8 樓
電　　話　886-2-2581-6196
傳　　真　886-2-2531-6438
讀者專線　886-2-2581-6196 轉 1
劃撥帳號　19865054
戶　　名　今周刊出版社股份有限公司
網　　址　http://www.businesstoday.com.tw

總 經 銷　大和書報股份有限公司
製版印刷　緯峰印刷股份有限公司
初版一刷　2022 年 5 月
初版六刷　2022 年 8 月
定　　價　350 元

※ 本書為《獲利的法則：一個操盤手的虧損自白》新版